U0478699

罗彩云◎著

乐享实践，和谐共长

——小学综合实践活动教学研究与实施案例

海峡出版发行集团
THE STRAITS PUBLISHING & DISTRIBUTING GROUP
福建教育出版社

图书在版编目（CIP）数据

乐享实践，和谐共长：小学综合实践活动教学研究与实施案例/罗彩云著. —福州：福建教育出版社，2024.8. —ISBN 978-7-5334-9998-3

Ⅰ.G622.3

中国国家版本馆 CIP 数据核字第 20248Y1943 号

乐享实践，和谐共长

——小学综合实践活动教学研究与实施案例

罗彩云　著

出版发行　福建教育出版社
（福州市梦山路 27 号　邮编：350025　网址：www.fep.com.cn
编辑部电话：0591-83763162　83763682
发行部电话：0591-83721876　87115073　010-62024258）

出 版 人　江金辉

印　　刷　福建东南彩色印刷有限公司
（福州市金山工业区　邮编：350002）

开　　本　710 毫米×1000 毫米　1/16

印　　张　13.75

字　　数　222 千字

插　　页　1

版　　次　2024 年 8 月第 1 版　　2024 年 8 月第 1 次印刷

书　　号　ISBN 978-7-5334-9998-3

定　　价　36.00 元

跨学科主题学习先行者

综合实践活动是一门培养学生综合素质的跨学科实践性课程，不仅学生们感兴趣，更是一种学习方式，是学科之综，艺术之合。它跨越学科体系，从学生发展的内在需要出发，促进学生全面发展，承载着实践育人的独特教育功能。如何发挥综合实践活动课程的独特育人功能，罗彩云老师努力探索，敢于走出自己的路，形成自己独特的自然亲切、启智润心的教学风格，彰显出“和谐共长”的教学主张。

承载着改变学习方式重要任务的综合实践活动课程，已经走过 22 年路程，先后经历了四个发展阶段。①

第一阶段，摸路探索期。

2001 年 6 月至 2006 年 6 月，属于摸路探索期。全国所有负责综合实践活动课程的教师都是摸着石头过河，探索综合实践活动课程常态实施路径。

2001 年 6 月，教育部印发《基础教育课程改革纲要（试行）》，明确规定“从小学至高中设置综合实践活动并作为必修课程，其主要内容包括：信息技术教育、研究性学习、社区服务与社会实践以及劳动与技术教育”。当时没有课程标准，没有统一教材，没有专职教师，被称为“三无课程”。2002 年上半

---

① 邹开煌. 综合实践活动课程 20 年：成就与反思［J］. 中国德育，2023（17）：36-41.

年，教育部委托华中师大、首都师大等 6 所高校，举办综合实践活动骨干教师培训，为综合实践活动课程培训了首批骨干教师和教研员。2002 年 9 月，全国确立 42 个课改实验区先行启动了课改实验，拉开了综合实践活动课程的序幕。华中师大郭元祥教授和首都师大陈树杰教授带领两个研究团队开启了综合实践活动课程的摸路探索征程，先后在河南洛阳（2003 年）、福建福州（2006 年）举办课程推进研讨会。2005 年 7 月，陈树杰教授团队在福州召开"综合实践活动课程'常态化'实施策略"研讨会，会上，他首次系统阐述了"常态化实施"的基本观点；2006 年 6 月，两个研究团队在福州共同举办"全国课改实验区综合实践活动课程第四次研讨会"，"常态化实施"列为大会主题，福建省向大会展示和分享了"常态化实施"的经验及模式。此后，常态实施、有效实施成为共识，涌现出一大批骨干教师及综合实践活动资源包、有效实施典型案例、制度保障措施等方面的教学教研成果，综合实践活动课程由"三无课程"走向常态实施实践探索期。

第二阶段，常态实践期。

2006 年 7 月至 2017 年 8 月，属于常态实践期。在前期工作基础上，综合实践活动课程进入常态实践阶段。除了两大研究团队的继续引领之外，众多省份更加重视课程建设，例如，出台省市综合实践活动指导意见，配备省市县专职教研员，成立省市县综合实践活动研究会，出版省市区资源包或案例集，建立职称评审机制，评选特级教师，建立综合实践活动教师培训机制，等等，有力地推进了综合实践活动课程建设。在此期间，还出现了较多省域内综合实践活动课程常态实施发展模式。如，浙江、辽宁、河南等省配有省级专职教研员，全省整体推进综合实践活动课程常态实施，在资源建设、教师队伍建设以及制度建设等方面出现了可喜局面。

福建省在课程理念、教育功能、资源开发、课程评价、制度建设等方面，为课程常态化实施做了许多开创性工作。2005 年，福建率先提出"'常态化'实施"观点，2007 年突破综合实践活动副高级职称的评选，2010 年培养了第一位特级教师，2017 年有了第一位正高级教师。目前，福建省共有 16 位综合实践活动正高级教师、7 位特级教师、5 位省级名师。2012—2017 年，福建教育学院通过竞标连续六年承办"教育部小学综合实践活动一线优秀教师示范性集中培训"项目，并在匿名评估中排名前三，其中 2015 年排名第一。2018

年获评教育部首批“国培精品项目”，同年4月，入选教育部“国培计划”名师名校长领航工程培养基地。福建省构建了稳定的教师队伍建设机制和高水平教师培训模式。

11年常态实践，综合实践活动课程实施取得了突破性进展。

第三阶段，规范发展期。

2017年9月至2022年4月，属于规范发展期。2017年9月，教育部印发了《中小学综合实践活动课程指导纲要》，对综合实践活动课程作了整体规划和规范设计，明确了课程性质、课程目标、课程内容、课程实施、课程管理与保障等。课程性质更加明晰，定位精准高端：综合实践活动是培养学生综合素质的跨学科实践性课程；统一了课程目标：使学生具有价值体认、责任担当、问题解决、创意物化等方面的意识和能力；课程内容更加丰富：考察探究、社会服务、设计制作、职业体验四种活动方式可操作性强。这标志着实施了16年的“三无课程”终于翻开了新的历史篇章，进入规范发展期。

第四阶段，理念发展期。

2022年4月至今为理念发展期。2022年4月，教育部颁布《义务教育课程方案（2022年版）》和各学科课程标准。在综合实践活动课程实施了近20年之后，新课程方案对其作出了调整，将劳动、信息科技从综合实践活动中独立出来；各学科课程标准设置“跨学科学习”活动，强化学科间的相互关联，增强了课程的综合性和实践性。

基于新课程方案和新课标，综合实践活动课程的核心理念如“基于问题解决的学习”“培养学生综合素质”“跨学科学习”“实践性学习”等，已提升为中小学各学科课程的核心理念，主要由综合实践活动课程承载的实践育人任务转向了中小学的所有课程。

罗彩云老师是从2007年开始从事综合实践活动课程教学与研究工作的，是在常态实践期、规范发展期和理念发展期三个阶段实践探索中成长起来的综合实践活动骨干教师、市级名师，为福建省综合实践活动课程常态实施、有效实施作出了积极贡献。《乐享实践，和谐共长——小学综合实践活动教学研究与实施案例》一书正是罗彩云老师综合实践活动课程教学实践和研究的成果。书中有深入的理论研究、多样性的课例开发、显著的实践与研究成果，具有较强的借鉴与指导意义。该书从综合实践活动课程的基本内涵和特点、国内外的发展历程、课程研究意义等方面对综合实践活动的教学理论进行了较深入的研究；从学生发展的内在需要出发，依托学校，立足生活，根植本土，融合劳育，整合各方资源，开发出实在、实用、有实效又丰富多彩的课程资源，通过四种活动方式的主题设计及案例分析展现综合实践课程的实施路径。

本书分为理论研究、资源开发、课程实施三个篇章，内容丰富翔实，案例浅显易懂，教学设计新颖，可操作性强，实践成果具借鉴意义。本书的出版既能带动学校综合实践活动课程常态化实施，促进学生全面发展，又能推动课程区域的发展。该书既是罗彩云老师多年课堂教学实践经验的总结，更是她扎根课堂教学研究成果丰富的体现。罗老师开发的案例集中体现了三个实：实在，实用，实效。

多年来，罗彩云老师努力工作，积极进取。怀着对综合实践活动的热爱，秉持用爱而教，以德育人的原则，尝试用活动培养学生正确的思想观念，用活动点亮学生生活，做学生生命中的引领人，与学生一起幸福成长。作为一名教学名师，肩负着提升自我、推动课程实施的重大使命，任务艰巨。自从承担鲤城区综合实践活动名师工作室领衔名师后，罗彩云老师带领团队成员开拓思路，积极开展教学研讨活动：邀请专家讲座引领，把先进教育教学理念引入本区；指导团队成员开展课题研究、观摩教学、研讨互动、共同成长，培养了一批课程实施骨干教师，推动了区域综合实践活动课程可持续发展。

新课程标准将综合实践活动课程“实践性学习、跨学科学习、综合性学习”等核心理念上升为所有课程理念，无疑给综合实践活动课程带来巨大的发展机遇。同时，综合实践活动课程任务角色面临新的定位。未来，综合实践活动课程要注意以下几个方面。

一是坚守课程的核心理念与内容。研究性学习是综合实践活动课程的核心内容，基于问题解决的研究性学习，具有综合性、实践性、自主性、开放性、生成性特点，有利于发展学生综合素质，培育他们的创新意识与实践能力。

二是坚守“培养学生综合素质的跨学科实践性课程”，走高水平综合实践活动课程发展之路。如巴蜀小学项目化实施、永定二中远足和上海七宝中学100％学生参加研究性学习。

三是充当跨学科主题学习强手。综合实践活动课程教师应成为各学科开展跨学科主题学习的指导者、引领者，促进跨学科学习常态有效实施。

“路漫漫其修远兮”，罗彩云老师怀着对综合实践活动课程的执着追求，带领团队在综合实践之路上乘风破浪，不断探索，践行自己的教学主张，为区域课程发展发挥了积极的引领与示范作用。期待罗老师及其所带领的团队继续探索新时期综合实践活动课程区域推进、有效实施新路径，在跨学科主题学习推进中发挥指导者、引领者作用。期待这本书带给大家更多的有益启示。

福建教育学院教授

教育部“国培计划”首批专家、“十四五”专家

福建省陶行知研究会执行会长兼秘书长

中国教育学会综合实践分会学术委员

2024 年 11 月 23 日

目　录

第一章　综合实践活动课程的理论研究

第一节　综合实践活动课程概述

综合实践活动是教育部2001年印发的《基础教育课程改革纲要（试行）》和2017年印发的《中小学综合实践活动课程指导纲要》（以下简称《纲要》）中义务教育阶段和普通高中课程方案规定的一门必修课程，与其他学科课程并列设置，由地方统筹管理和指导。综合实践活动课程的具体教学内容以学校自主开发为主，包括考察探究、社会服务、设计制作和职业体验四种活动方式。

一、综合实践活动课程的基本内涵和特点

综合实践活动是从学生的真实生活和发展需要出发，从生活情境中发现问题，转化为活动主题，通过探究、服务、制作、体验等方式，培养学生综合素质的跨学科实践性课程，是基于学生的直接经验、密切联系学生自身生活和社会生活、体现对知识的综合运用的课程形态。

华东师范大学课程教学与比较教育研究所所长钟启泉教授认为，综合实践活动是超越了传统的课程教学制度“学科、课堂、评分”的束缚，使学生置身于活生生的现实的（乃至虚拟的）学习环境之中，综合地习得现实社会及未来世界所需要的种种知识、能力、态度的一种课程编制（生成）模式。与其他课程相比，综合实践活动课程具有如下特点。

（一）立足学生的直接经验

综合实践活动课程强调以学生的经验为核心对课程资源进行整合，摒弃以抽象的文化知识积累为特征的认知方式，倡导依靠学生的亲身经历获得知

识。从学习者的需要、动机、兴趣和直接经验出发，建构一个更贴近学生真实世界的全新课程领域，是综合实践活动有别于其他学科课程的基本标志。它的起点是学生而不是老师，学生从自身经验中形成问题，从经验中获得解决问题的途径与方法。因此，在综合实践活动课程中，教师从学生真实的生活世界中选取那些具有一定综合性、实践性、现实性的问题、事件、现象来设计课程内容，实施相关课程活动，帮助学生从其生活世界中选择感兴趣的主题和内容，注重学生对生活的感受和体验，引导学生热爱生活，并学会健康愉悦地、自由而负责任地、智慧而富有创意地生活。

（二）关注学生的亲身实践

综合实践活动课程以学生的现实生活和社会实践为基础发掘课程资源，而非在学科知识的逻辑序列中构建课程，不再局限于书本知识的传授，改变了学生对知识的记忆复现、抽象分析和逻辑推理的学习方式，让学生通过探究、调查、访问、考察、操作、劳动等多样的实践活动展开学习，学生面对生活世界的各种现实问题，综合运用所学知识，主动地探索、发现、体验、重演、交往，亲力亲为，获得解决现实问题的真实经验，从而培养实践能力。综合实践活动不仅能拓展学生的学习时空，整合校内与校外课程资源，还能够赋予学生综合运用知识的机会，使之不再囿于对材料的记忆和推理，而且能够从社会的、文化的、政治的观点出发对现象作出解释。更重要的是，学生的亲身实践能够化信息为知识，化知识为智慧，化智慧为德行。

（三）具有开放性和生成性

综合实践活动课程面向每一个学生的个性发展，尊重每一个学生发展的特殊需要，它面向学生的整个生活世界，它随着学生生活的变化而变化，关注学生在活动过程中所产生的丰富多彩的学习体验和个性化的创造性表现，因此，综合实践活动课程的目标、内容、活动过程与结果均是开放和多元的。

综合实践活动课程的整体规划、活动的具体过程都是经过学校、指导老师周密设计的，但是每一个活动都是一个有机整体，并非根据预定目标机械装配的过程。随着活动的不断展开，新的目标、新的主题不断生成，学生在这个过程中兴致盎然，认识和体验不断加深，创造性的火花不断迸发，这是综合实践活动课程生成性的集中表现。对综合实践活动的整体规划和课前对活动过程的周密设计不是限制其生成，而是为了使其生成性发挥得更具有方向感、更富有成效。

二、综合实践活动课程的发展历程

（一）国外的发展情况

国外综合实践活动课程最初是由活动课程演变而来的，其课程思想可以追溯到柏拉图的“儿童游戏场”和卢梭的“自然教育”。19世纪末，杜威的综合课程思想得到了大力发展，真正走进公众视野，美国一些实验学校开始正式采用。随着时代的进步与发展，社会对人才的渴望反映在教育教学领域上，是对课程综合化的要求越来越明显。20世纪90年代，美国、英国、法国、日本等国家都在进行相关的课程研究与实施，推出了旨在适应新世纪挑战的课程改革举措，积极调整基础教育课程结构，呈现出的共同趋势是倡导课程向儿童经验和生活回归，追求课程的综合化。一些国家倡导主题探究活动与设计学习活动：日本的“综合学习时间”为课程指定了严格的目标、内容和实施方式；美国的研究性学习通过教师经常反思探究性学习的目的，并制订教学计划，精心地设计各种策略为学生创造积极投入学习过程的机会；法国“多样化途径”的实验取得了很大的成功，有效地落实了课程的综合性和实践性；英国、德国等的小学教师在教育课程中设置了很多实践类课程，这类课程的课时占到总课时的20%～50%。尽管他们的实践类课程与综合实践活动的名称不同，但都具有综合实践活动的基本特征。到21世纪，加强课程的综合性与实践性已成为各国课程改革发展的大趋势。

（二）国内的发展情况

我国综合实践活动课程理念最早可以追溯到古代一些教育家、思想家，从他们的言论中可以窥见他们认为教育需要与实践相结合。比如墨子的“士虽有学，而行为本焉”，荀子的“不闻不若闻之，闻之不若见之，见之不若知之，知之不若行之。学至于行之而止矣”等。

到了近代，著名教育家陶行知主张教育应以生活为中心，他的生活教育理论由“生活即教育”“社会即学校”“教学做合一”三大原理构成，强调学校教育与社会生活、学生现实生活紧密联系，强调学生的动手能力、创造能力。另一位教育家陈鹤琴提出一切设施、一切活动以儿童为中心，一切教学，集中在做，做中学，做中教，做中求进步。两位大师的理论注重教育关注学生兴趣、贴近学生生活、锻炼学生实践能力。他们的教育理论与综合实践活动课程的价值取向是一致的，他们的教育思想也对我国后来的教育者们产生了深远的影响。

新中国成立后，国内学者对综合实践活动课程的研究和探索没有停滞，从“课外活动”“第二课堂”“第二渠道”“活动课”“活动类课程”，到现在的综合实践活动课程，认识不断深化和提高。

2000 年，教育部印发的《全日制普通高级中学课程计划（试验修订稿）》首次提出了“综合实践活动”概念，并将研究性学习、劳动技术教育、社区服务、社会实践四个部分设定为主要内容。2001 年，教育部印发《基础教育课程改革纲要（试行）》则指明了综合实践活动的国家课程性质以及地方课程、校本课程的开发、组织和评价方式，界定了综合实践活动课程的属性，明确了研究性学习、社区服务与社会实践、劳动与技术教育、信息技术教育作为其内容的四大领域。紧接着教育部出台了《国家九年义务教育课程综合实践活动指导纲要（试行）》（以下简称《纲要（试行）》），除在《总则》部分对课程性质、培养目标、活动领域、组织管理、评价方式等进行了指导外，还分 3～6 年级、7～9 年级两个学段，对四个领域分别提出了具体的要求，构建起一套较为完备的综合实践活动课程结构。如果说早期的一些研究只是综合实践活动的思想萌芽和理论的探索，那么 2001 年《基础教育课程改革纲要（试行）》和 2001 年《纲要（试行）》的颁布，则标志着综合实践活动课程正式进入推广实践阶段。

在总结十余年实践经验和问题的基础上，2017 年教育部颁布了《纲要》。标志着整个课程改革从实验阶段进入常态化实施阶段。2017 年《纲要》在 2001 年《纲要（试行）》基础上，针对实验阶段综合实践活动暴露出来的问题进行调整修订，通过调整，综合实践活动向性质定位更加清晰、活动更加灵活开放、更贴近学生生活、更体现学生主动活动、更具操作性的方向发展。2022 年《义务教育课程方案（2022 年版）》的发布再次肯定了综合实践活动课程的地位，进一步明确了该课程的实施范围。

三、综合实践活动课程的研究意义

综合实践活动课程对丰富学生的经验，形成对自然、对社会、对自我的整体认识，发展创新精神、实践能力以及良好的个性品质，都具有重要意义。

（一）综合实践活动回归了育人本质

学者张华认为：“与学科课程相比，综合实践活动课程的价值追求主要不是学术性取向，而是以创造性自我探索、体验和表现为价值旨趣和取向。”综合实践活动课程的核心不是学科知识，而是人，是学生，学生有人的七情六欲，有生理、心理乃至精神领域的需求、志趣和追求，所以，其课程目标不在于传授了多少知识，而是学生作为“整体的人”的发展。学生在真实情境、真实问题、真实感受中进行真实探究与真实创造，在求真的实践中学会倾听、学会理解、学会合作、学会帮助、学会欣赏。

（二）综合实践活动回归了生活世界

如果说学科课程的价值在于让学生探索“科学世界”的话，综合实践活动课程的价值则在于让学生回归“生活世界”。美国著名教育家杜威曾经多次强调：“我认为学校必须呈现现在的生活——即对于儿童来说是真实而生气勃勃的生活。”“教育是生活的过程，而不是将来生活的预备。”儿童在真实的生活中活动，在持续的活动中生长。“哪里有生活，哪里就已经有热切的和激动的活动。生长并不是从外面加到活动的东西，而是活动自己做的东西。”综合实践活动课程正是基于儿童生长所必需的“土壤”——儿童生活世界——来设计的。

（三）综合实践活动着眼创新品质的培养

着眼学生的创新品质，注重培养学生的创新意识、创新精神和创新能力是综合实践活动课程价值与目标最本质的体现。与学科课程相比，综合实践活动为学生创新品质的形成提供了更为宽松、自由的空间，它不受学科知识体系和逻辑结构的限制，在活动过程中，学生始终处于主体地位，自己发现问题，自己设计方案，自己搜集资料，自己解决问题。在这一过程中，学生的想象力和创造力可以充分发挥出来。综合实践活动课程以活动为主要开展形式，学生积极参与到各项活动中去，在考察、实验、探究、想象、创作等一系列活动中发现和解决问题，体验和感受生活，发展实践能力和创新能力。着眼创新的根本目的在于，要以培养今天的学生适应明天的社会生活为己任，尽可能创造条件，让学生在积极探索、主动实践的过程中，不断地有所发现、有所思考、有所创新，具备初步的怀疑精神和批判精神，具有独立思考问题的能力和解决问题的能力，为将来成为创新人才奠定基础。

（四）综合实践活动注重对生命意义的追寻

《纲要》指出："综合实践活动的开发与实施强调学生乐于探究、勤于动手和勇于实践，注重学生在实践性学习活动过程中的感受和体验。"综合实践活动中学生是应用知识、探究自然、探究社会、探究自我的实践活动的主体，成功和失败都是被允许的，学生的经验和教训都是教师倾听与欣赏的内容。这样宽松的气氛下，学生才会有自由的心灵，才能体现"乐于探究"的志趣，才会有幸福与快乐的感受和体验。教师的作用不在于教学生各种学问，而在于培养学生有爱好学问的兴趣，而且在这种兴趣充分增长起来的时候，教他研究学问的方法。教师的职能由知识传授者变成导引者和点拨者。在这种转换中，教师关注的是学生作为生命的现实存在，以学生个体幸福为课程的价值追求。综合实践活动课程站位于生活世界，通过实践活动，让学生畅游于自然、社会、自我之间，汇聚起有力而敏锐的眼光，凝练出整体而融通的思想，透过迷雾，洞见生活和生命的真谛。

综合实践活动的根本价值目标是立德树人，培养社会主义建设者和接班人，为学生成长奠定正确的思想意识和价值观念，发展良好的思想品德，增强对自然、对社会、对自我的责任感，建立爱国主义情感，传承中华优秀传统文化，具有文化自信和文化自觉能力。同时，综合实践活动能够丰富学生的经验和体验，提升学生在真实的情境中利用工具、手段和技术分析解决实际问题的能力，发展创新意识和实践能力，促进学生的社会化发展和个性化成长，造就具有主体精神、家国情怀和参与社会活动能力的主体。

第二节　构建和谐的综合实践活动课堂

和谐教学是构建和谐课堂的基础。本文通过对和谐教学、和谐课堂概念的分析梳理，在相关理论的支撑下，提出构建和谐课堂的教学理念，以提高学生综合素养，达成立德树人的目标。

一、概念界定

（一）和谐教学

在现代汉语中，“和谐”是指配合得适当。综合美学、哲学与社会学来看，“和谐”指的是万事万物之间均能处于平衡、协调的关系，整个世界各系统、各要素形成融合、统一的状态。

“和谐教学”是将和谐思想运用于教学的一种策略体系。在综合实践活动课程的教学中，力争做到教学过程各环节、各要素之间能始终处于协调、平衡的状态，即趣和思融合、知与用统一、手与脑协调、散与集联动、闯与创和谐。在具体的教学活动中，和谐教学既是一种教学指导思想，又是教学效果所能达到的较高境界，也是教师教学所追求的一种目的。

（二）和谐课堂

“和谐课堂”是以课堂为载体，师生关系、课堂管理、教学活动等各种教学资源和要素达到相互协调与整体优化。和谐课堂要从学生实际出发，以培养学生自主学习和创造性学习为目标，营造一种自由、民主、和谐、健康的教学环境，形成民主平等、双向交流的师生关系，使课堂教学过程的各个环节和要素更加井然有序、优质高效、协调发展，从而提高学生的学习兴趣，达到发掘潜能、锻炼能力、发展个性的目的。

二、理论依据

现代教学理论是研究教学一般规律，并遵循规律解决教学问题的科学，“主导—主体”教学理论认为在教学过程中，学生处于主体地位，学生应当对教学内容进行自主的探究学习，对学习过程中遇到的困难和问题能进行自主思考，教师则处于主导地位，应当在学习内容的选择、学习过程的组织等方面发挥主导作用。“统整运动”思想重视学科内部、学科之间、学校学习内容和真实生活等的统整，并以学生的需要为课程统整的原则，通过学校与生活的结合，把各学科之间的关联性自然地展现出来。这些教学理论将教师的“教”与学生的“学”和谐统一起来，体现了以学生的全面发展为最终目标的教育思想，对于构建和谐的综合实践活动课堂具有重要的指导意义。另外《纲要》也是构建和谐的综合实践活动课堂重要的理论依据，《纲要》指出综合实践活动是培养学生综合素质的跨学科实践性课程，要面向学生完整的生活世界，“使学生获得关于自我、社会、自然的真实体验，建立学习与生活的有机联系”，强调学生综合运用各学科知识，认识、分析和解决现实问题，提升综合素质。和谐课堂正是实现综合实践活动目标的重要渠道，符合学科的教育要求。

三、实施策略

综合实践活动是基础教育课程改革中一门新的课程，随着课程改革的进一步推进和《纲要》的颁布实施，综合实践活动课程日益深入人心，并焕发出它强大的生命活力。那么，教师应如何寻求新的突破，让综合实践活动课程向纵深发展呢？笔者结合自己在课堂教学中的探索从五个方面来阐述。

（一）趣和思的融合

兴趣是最好的老师。在组织综合实践活动过程中，教师要根据学生的年龄特点和心理特征，选择恰当的活动内容和活动方式，可以从学生熟悉的事物或感兴趣的问题入手，力求新奇、巧妙、灵动，引发兴趣。教师应深入学生生活，了解学生的情感和需要，充分调动学生的整个心灵，使其兴致勃勃地参与到各项实践活动中。学生只有积极主动地参与体验，勤敏快乐地投入思考，其分析问题和解决问题的能力才能得到有效培养，学生的综合素养也才能切实得到提高。

比如，教师通过调查发现许多学生不喜欢吃蔬菜，甚至叫不出每天出现在餐桌上的蔬菜的名字，基于学生的实际情况与未来发展的需要，教师引导学生选择学农的职业体验，在活动中感受农人的职业角色。泉州市西隅中心小学在教学楼南北两面各修建了一个阳台，开辟成许多小菜园，由各班孩子自主认种，自主选择蔬菜的品种，自主收获。教师指导学生围绕“蔬菜”这一主题开展“蔬菜的种植”“蔬菜的病害”“蔬菜的养护”等实践活动。孩子们兴味盎然地参与了播种、除草、施肥、收获、贩卖的整个实践过程，不仅对各种蔬菜的“脾性”有了详尽的了解，还在活动中发现了一些新问题：南面阳台几乎所有品种的蔬菜都可以种植，而且长势良好；而北面阳台种植的情况却很不理想，许多蔬菜长势欠佳或没有收成，丝瓜、黄瓜只开花不结果，只有韭菜、莴苣、木耳菜等少数品种的蔬菜才种得起来。这一情况激发了学生强烈的探究欲望，学生通过查资料、访问专家和亲自试验，得出结论：南面阳台日照充足、通风良好，适宜所有蔬菜生长；北面阳台夏季阳光直射温度高，再加上对面楼反射过来的强光和辐射光对蔬菜影响较大，许多蔬菜会落叶或死亡，冬季阳光几乎照不到北面，只能种植一些喜阴的蔬菜品种。遇到病虫害时，有的学生到当地蔬菜种植基地考察并请教当地菜农，有的学生到图书馆查阅书籍，有的学生上网搜集资料，还有的学生利用学校科学实验室的设备对采集来的样本进行病害情况观察、实验与分析。最后，学生通过各种途径找到消灭病虫害的方法，成功地解决了问题。

在这样的综合实践活动中，学生获得了知识，体验到了实践的乐趣和劳动的艰辛，其发现问题、解决问题的能力和探究精神都得到了发展，达到“趣与思”的融合。

（二）知与用的统一

综合实践活动课程教学内容具有生活性，活动主题来源于学生生活，教学中应重视学生的亲身体验，还应关注学生的体验过程和真实感受。因此，教师在组织学生参与各项实践活动的过程中，要特别关注学生是否能发现有价值的问题，是采用哪些有效办法解决这些问题的；关注学生在活动中是否能综合运用各科知识解决实际问题，达到知行结合、学以致用，在活动过程中又获得了怎样的体验和感悟等。

综合实践活动课程的目的是让学生把已学的知识与生活结合，感受到综合实践活动的魅力及运用学科知识解决问题的成就感和价值感。学生在充裕的时间和空间中，采用小组合作或其他开放性的学习方式，运用各种方法完成任务，这个过程既能培养学生的合作意识，又能培养学生自我分析、自我调整的元认知能力，让处在不同层次的学生都能在合作中愉快地学习，成为学习的研究者与发现者。笔者在“有趣的泡泡”教学活动中，根据活动的进展和学生的兴趣设定任务，然后引导学生根据生活经验和已有学科知识寻求解决问题的途径。比如指导学生在调制常规的泡泡水之后优化泡泡水配方，引导学生制作常规吹泡泡工具之后设计出可以吹更大泡泡的工具等，这些都要求学生综合运用学过的数学、科学与技术等知识对泡泡水和吹泡泡的工具进行改良。在评比吹泡泡比赛的结果时，学生迫切想寻找一种更公平合理的评比方法，在评比比赛结果中体会到平均数在现实生活中的实际意义。

在参与综合实践活动中，学生自主寻找方法，自主发现规律，自主解决问题，体会解决问题的快乐与艰辛，达成知与用的完美结合，又通过同伴间的合作与交流，体会和谐的人际关系。

（三）手与脑的协调

教育家陶行知的“用手又用脑，才能有创造”家喻户晓。现代社会需要手脑并用的人，所以培养实际操作能力即动手能力，是学生发展的主要因素，也是和谐课堂追求的目标。

在“有趣的结”综合实践活动中，指导“巧手绑鞋带”时，教师先让学生在小组内表演各自绑鞋带的巧妙方法，在巡视过程中教师发现了几种不同的绑法，并请学生上台演示，还让全班同学跟着学习这些绑法。让孩子们感受到这几种绑鞋带的方法哪个绑得最快后，教师接着介绍“伊恩结”快绑鞋带法，并观看伊恩结法的视频。接着教师请四名同学上来用伊恩结法绑好鞋带，同学检验发现四名同学绑得都不够牢。伊恩结是公认的绑得最快的结，但又会遇到鞋带绑不牢的情况，教师引导学生动手又动脑，设计出一个绑得又快又牢的方法，解决了问题。在整个活动中，学生始终保持着专注又积极的探索状态。这些活动让孩子们明白，在我们平凡的生活中，即使是一件非常平常的事情，只要善于观察、积极动脑并勤于动手实践，就能发现其中的特别之处，得到特别有用的能力。

实践和探究是综合实践活动这门学科的灵魂所在，活动过程中，教师既要指导学生动手操作，又要有意识地引导学生积极动脑思考，在动手又动脑的过程中，激发学生积极参与、善于思考、勤于动手、勇于创新，提高学生分析问题与解决问题、交流与合作等各项综合素养。通过自主探究和交流新想法，体会解决问题的快乐与艰辛，实现了教、学、做的合一。

（四）散与集的联动

《纲要》明确提出综合实践活动应进行跨学科整合教学。教师应从实践入手，根据课程指导纲要统整各门学科知识，对整个实践活动进行策划、实施与评价，强调活动内容与学生生活和各学科的联系；强调综合性，淡化学科界限，沟通学科间的关系，构建和谐的课堂教学。

在“有趣的泡泡”活动中，教师引导学生广泛探究各种资源，分工合作，综合运用各学科知识和技能寻求解决问题的方法：通过回忆、交流、咨询家长、利用互联网等方法搜集泡泡水配方，比较、交流泡泡水和清水的共同点和区别后，对溶液的特点进行不完全归纳，这里需要考虑与数学和科学知识的整合；在调制常规泡泡水、制作常规吹泡泡工具之后，引导学生设计出可以吹出更大泡泡的工具，学生通过反思认识到自己设计的缺陷与他人设计的优势，在取长补短的过程中内化相关知识，同时学会思考问题、解决问题的方法，这不仅要求学生选择适当的方法实现对泡泡水和吹泡泡工具的改良，还需要统整科学知识和技术方面的内容；运用比赛的形式测量各组同学自制泡泡水吹出的泡泡保持时间及自制的吹泡泡工具吹出的泡泡大小，并探讨相对公平的评比比赛结果的方法，在这一环节，教师引导学生通过记录比赛成绩渗透统计意识，发展统计观念，让学生在具体情景中体会平均数在现实生活中的实际意义。

“有趣的泡泡”是联结数学、科学、技术的综合实践活动，使学生能将掌握的各科知识综合运用于解决实际问题之中，同时发展各项能力，提高他们交流与合作的能力、动手操作的技能和在学习中不断改进学习方法的能力，从而培养他们的综合素养和创新能力。

（五）闯与创的和谐

综合实践活动是一门开放性很强的课程，强调学生在学习、活动的过程中掌握方法和技能，获取人生体验。这些体验可能是粗糙的，但对学生而言，研究的过程，如同专业研究者一样经历问题的提出、解决、验证的阶段，采用的是严谨的态度，他们获得的不只是学科知识，不只是学会了自主探究的方法，更重要的是激发学生在探索过程中拼搏的勇气和创新的精神。

例如在“有趣的泡泡”活动中，通过聊泡泡，学生了解了哪些材料可以调制泡泡水；在“调制泡泡水”“吹泡泡比赛”“优化泡泡水配方”“设计制作吹泡泡工具”等一系列活动中，学生对溶度有了进一步的认识，设计制作时，天马行空的想象激发了深入探究的积极性，体会到解决问题的快乐与艰辛。教师在整个活动中经常用鼓励的语言激励学生继续拼搏和创新：“同学们，请你们仔细观察这两份比赛结果记录单，看看哪位同学的眼睛最亮，发现了其中的秘密。刚才大家都是用相同的吸管来吹泡泡的，你们想不想自己来设计一种能吹出大泡泡的工具呢？你还希望吹出什么形状的泡泡？请你发挥自己的想象，尝试设计制作，看看谁能梦想成真。”这样极大地激发了学生勇于拼搏的闯劲，为后续活动做好铺垫。在学生争先恐后地展示活动成果后，教师又组织开展了“多彩的泡泡”活动，让学生在动脑思考与动手实践相结合的基础上，创造泡泡的各式新吹法和各色美丽的泡泡。

活动中，由于教师的激励，学生勇于挑战，积极探寻规律，自主确定研究思路，自主选择方法，自行解决问题。在此过程中，学生分析、解决问题的能力和创新发明的思维也得到了有效培养，从而使“活动”真正成为综合实践活动这一课程永恒的主题，推动综合实践活动课程的可持续发展。

总之，在和谐的综合实践活动课堂教学中，教学过程的各个环节井然有序、优质高效，各教学要素协调发展，就能使师生的心灵在教学中体验到一种动态变化的、品质不断提升的美好、匀称、平衡、平静的积极情感，进而提高学生的学习兴趣，达到发掘潜能、锻炼能力、发展个性的目的。

第三节　综合实践活动校本课程的开发与实施

综合实践活动作为一门具有鲜明的国家课程校本开发特色的活动类课程，教材不是课程的主要载体，教学内容来自学生的真实生活，从学生发展需要出发，选择并确定活动主题。为了实现活动目的，活动内容也经常不是固定的，学生可以根据实际需要，自主调整活动过程。在这样的课程背景下，和谐的综合实践活动该如何进行校本课程的开发与实施呢？

一、校本课程的开发

开发综合实践活动校本课程应紧扣学校文化和办学特色，以“笃学致知”的理念为支撑，以陶行知先生倡导的“千教万教教人求真，千学万学学做真人”为出发点，充分发挥学校优势，抓住综合实践活动与特色文化和特色活动之间的关键点。笔者带领课程开发团队开发了特色文化和特色主题活动两个系列的校本课程，努力挖掘孩子们的潜能，打造和谐的综合实践活动课堂。

（一）利用特色文化开发校本课程

1. 基于核心素养培养的校本课程“走进西街”

泉州市西隅中心小学地理位置优越，地处泉州老城区，与千年古街泉州西街毗邻，拥有丰厚的课程资源，因此，充分挖掘与利用这些特色资源，培育学生核心素养，提升其关键能力一直是学校教师努力的方向。课程开发团队从学校教育理念、课程资源、学生学习需求等诸多方面出发，自主开发了校本课程“走进西街”，细化螺旋上升的课程目标，每年级均安排名人轶事、名胜古迹、美食荟萃、戏曲长廊四个大项目的主题实践活动。

2. 基于文化传承的“非遗项目学习课程”体系

根据学校课程总框架，课程开发团队开发了基于文化传承的“非遗项目学习课程”体系。该课程体系以一个非遗项目为核心，涉及多个学科，并提出了自主选择公开成果方式的建议，为学生的创造性发展提供了平台。

该课程体系设置了基于探究和体验的课程模块，围绕“戏曲篇”“文武篇”“工艺篇”“节日节气篇”“美食篇”五个系列，形成了与学生年龄特征相匹配的 20 个螺旋上升、依次递进的项目单元和 132 个教学主题供师生使用、再造和创生，提高了活动课程的规划性和目的性。

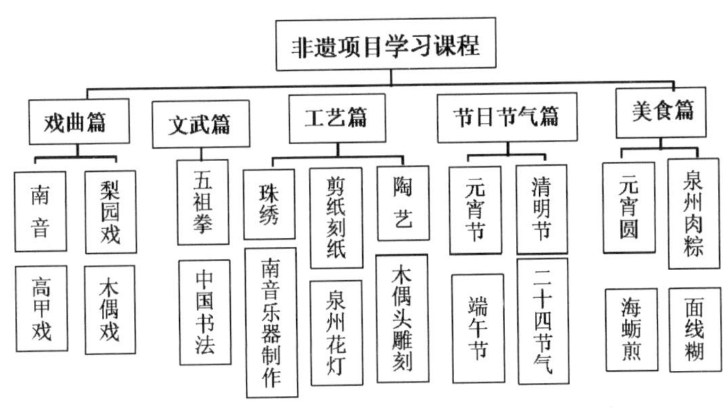

“非遗项目学习课程”体系

在教学模式上，学校立足学生核心素养的培养，根据综合实践活动各种活动方式进行课堂教学模式的转型，形成了以学生探索为中心，以教师的引导为支持系统，以非遗传习场馆资源为依托，构建了“选择项目”“提出观点”“优化方案”“方法选择”“创新表达”“反思评价”双环互动的项目式教学模式。学生不断创新，同时提升了教师适应不同教学模式的能力，推动了学科教学的发展。

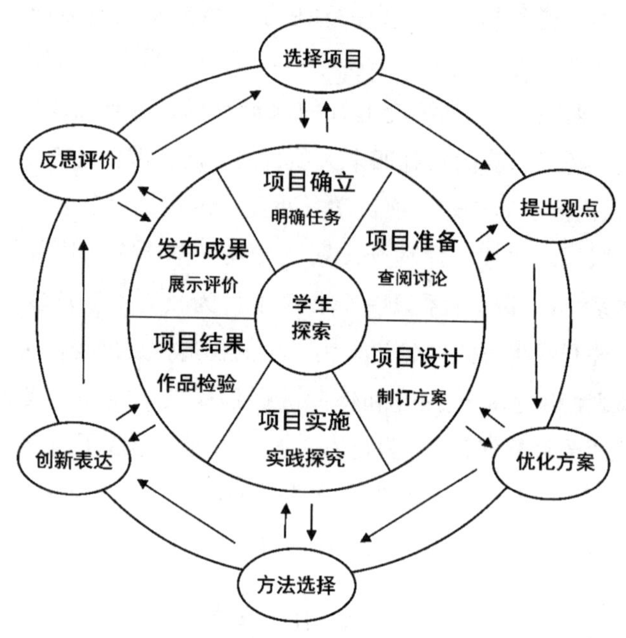

“双环互动”的非遗项目式教学模式

（二）跨学科开发特色主题活动

综合实践活动有综合性、开放性、自主性和生成性的特点，由于教师专业的限制，这些课程单靠个人难以完成指导工作，因此整合学校各学科师资力量，多学科教师进行跨界研究，共同开发跨学科主题实践活动是研究团队的最佳选择。如：数学＋科学＋综合实践活动开发出“有趣的泡泡”活动，语文＋综合实践活动开发出“小导游带你游天后宫”活动，信息技术＋美术＋综合实践活动开发出“我们毕业啦！”实践活动，语文＋美术＋信息技术＋综合实践活动开发出“走进泉州西街”实践活动，综合实践活动＋语文＋数学＋美术＋劳动开发出“垃圾分类小调查”实践活动。各学科教师在联合开发、指导学生开展各种综合实践活动中，获得意想不到的收获。在这样的活动中，学生需要运用各学科知识解决遇到的问题，教师需要团体指导，协同教学，这样既能有效弥补教师知识结构单一，学科视野狭窄的问题，也有利于学生跨学科知识素养的形成，提高了学生综合运用各学科知识解决各种问题的能力，可谓一举多得。

二、校本课程的实施

教师在实施“特色文化”和“特色主题活动”校本课程时，充分挖掘地方人文景观和非遗文化的育人价值，在地方特色场域和非遗传习场馆的支持下，打破学科壁垒，打造和谐、自主、创新的课堂。注重过程性评价与反思评价相结合，关注学生综合素养的提升，使教师的导真正成为学生学习的有力支撑。

（一）实施路径

在非遗项目学习课程实施中，教师经过不断探索与实践，根据不同的项目内容，归纳梳理了五种适合学生自主探究的新路径。

1. 考察验证

此路径的活动流程与综合实践活动的考察探究相似。教师创设情境，激发学生对非遗项目的探究兴趣，把学生引入项目。学生在观察、思考、讨论中发现问题，提出猜想，并在实际考察探究中搜集证据、自主思考，并不断尝试运用各种方法验证猜测，获得新的认知，从而锻炼学生批判质疑和勇于探究的精神。

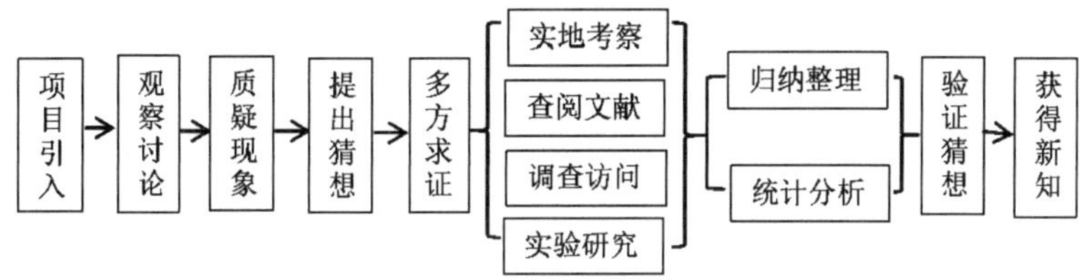

考察验证学习路径

2. 溯本追源

进入项目活动后，学生基于自己的经验质疑提问，然后运用所学知识和技能开展自主探究，通过搜集文献资料，深入了解非遗项目的历史发展、传承现状、制作工艺等；然后通过实践探究，解决问题，获得对该非遗项目的进一步认识与了解；最后，选择合适的方式分享交流，发布成果。活动中，学生的人文底蕴和科学精神悄然获得增长。

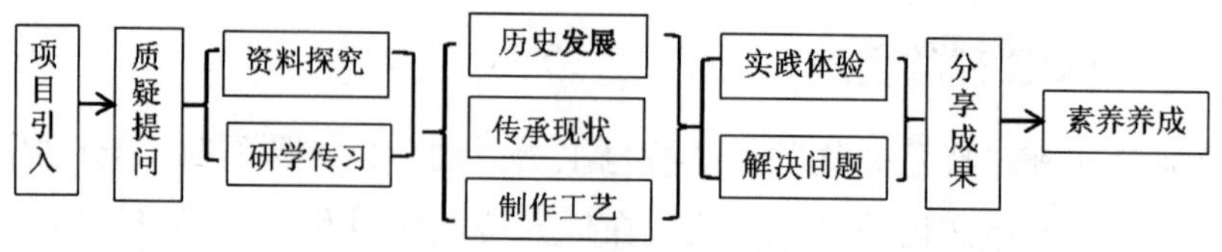

溯本追源学习路径

3. 模拟体验

进入项目活动之后，学生通过头脑风暴，设计行动方案，然后真实进入非遗场馆研习，通过模拟体验，开展自主探究。在此学习过程中，教师组织学生深入思考，交流成败的原因，并再次体验。学生在解决问题的过程中感悟祖先的智慧和伟大，实践创新、学会学习等素养也逐渐形成。

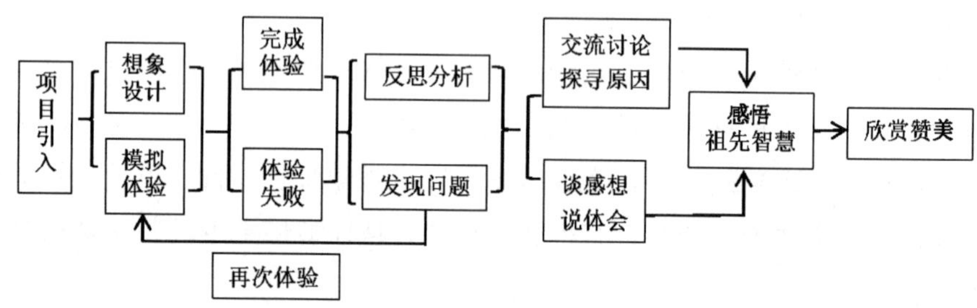

模拟体验学习路径

4. 研习创作

学生进入非遗场馆研习，调动各种感官参与多种体验活动，自主发现问题，在分析讨论中与同伴达成共识，强化对非遗项目中的艺术文化、思想精神等的认知，感悟古人凝聚在非遗中的无限智慧，随后激情创作，并选择合适的方式分享成果。促进学生实践创新、人文底蕴等素养的形成。

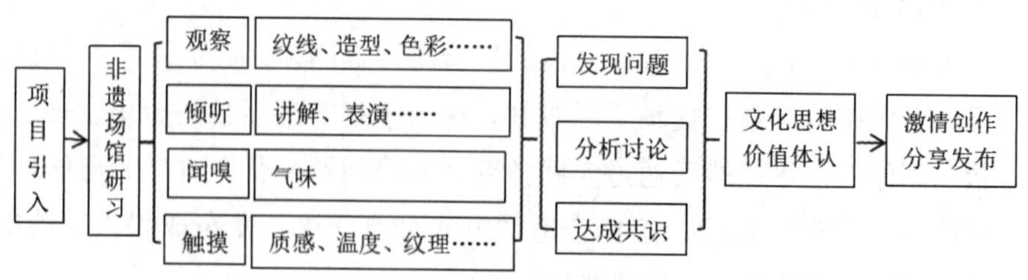

研习创作学习路径

5．技法传习

本路径在实施时往往要结合其他路径。技法传承是本次实践活动的必选项目，通过观察、临摹等方法学习非遗作品的制作技法，掌握工具的使用方法，自主探究或在专业人员的示范演示后，尝试进行模拟实践。在劳作的过程中，学生不仅能够进一步了解祖国的优秀手工技法，培植劳动意识，培养爱家乡爱祖国的情感，也能帮助学生形成实践创新、健康生活等素养。

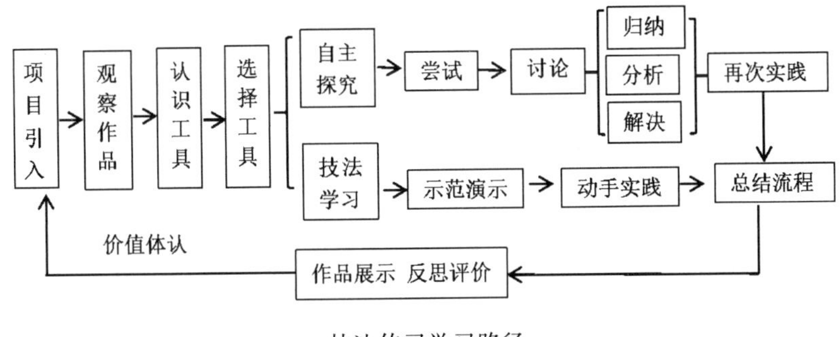

技法传习学习路径

（二）评价方法

在校本课程学习评价上，既要明确评价载体、标准，将评价设计与项目主题整合，又要对学习过程和作品开展过程性评价与终结性评价相结合的评估。以评价量规、信息化评价手段为工具，重点评价学生完成活动任务后的发展层次，对正确的价值观培育贯穿整个评价过程。同时，要关注成果展示交流。引导学生通过专题学习、小组分享等形式进行线上、线下混合式成果展示，帮助学生聚焦驱动性问题的解决，梳理体验、实践的收获，表达对非遗的深度认识，落实社会主义核心价值观的培育目标。

1．促进学生成长的多维联动过程性评价

首先，教师要与学生一起制作主题活动的过程性评价表，让学生进行自评、组评。以下是泉州市西隅中心小学非遗项目学习课程的评价表，分为五个方面四个等级进行细致评价。除此之外，学校还通过线上投票互评的方式，交流、评价阶段性成果，完成过程性评价，以帮助学生把握成果形成的方向，激发学生的学习热情，并进一步发挥以评促学的作用。

非遗项目学习课程过程性评价样表

	A	B	C	D	等级
明确任务	能明确任务要求，并提出解决方案	知道任务要求，但提出的解决方案不妥当	对任务不够清晰，无解决方案	不明白任务，无解决方案	
设计方案	方案设计合理，有创意，有详细的操作说明	方案较合理，操作说明较详细	方案设计不够合理，无操作说明	没有设计方案和操作说明	
动手创作	作品质量高，有创意，能合理利用资源	作品质量较好，较能利用资源	作品质量一般，不能合理利用资源	作品质量低，不会利用资源	
成果展示	展示方式有独创性，能给观众带来很好的观赏体验	展示方式较有独创性，能给观众带来较好的观赏体验	展示方式一般，观众的观感一般	没有展示作品	
评价修改	合理评价作品，能根据评价修改完善作品	能较合理地评价作品，并根据评价修改作品	对作品的评价不合理，也不能根据评价完善作品	没有进行反思和相应的评价	

2. 覆盖学生活动全过程的多维联动评价

课前的评价。在项目开始前，让学生进行自评，了解学生已有的知识水平和可能存在的困惑。这有助于教师掌握学情，并做好后续活动的计划与安排，进行针对性的指导。

课堂实时评价。采用口头评价和量化表评价相结合的方式，在评价量表的基础上确定更具体的评价标准。通过自评、同学评价、教师评价和家长评价的方式来激发学生参与项目的兴趣，提升他们的动手操作能力、问题解决能力和创造性思维等综合素养。

课后的评价。项目结束后，让学生回顾自己在活动中的表现，从情感态度、合作交流、技能学习、实践操作、交流展示等多方面进行自评。学生可以分析自己在活动中的优点和不足，谈论在活动中的感受和收获，形成对活动过程的较完整评判。

3. 针对“教—学”过程的终结性多维联动评价

这主要是从学校层面设计的终结性成果评价方法，以下是非遗项目学习课程多维评价样表，学校运用这个评价表开展校内非遗项目学习课程成果评比活动。学生的成果经历自评、展板互评、学校参评的过程，体现了学习的价值与意义。

非遗项目学习课程终结性评价样表

	A	B	C	等级
主题	主题明确，内容合适	主题较清晰，有些内容不合适	主题不明确，所有内容都不合适	
设计	十分科学合理，有创意	较科学，能看出些创新	不合理，无创意	
成果	结构完整，能体现工程与技术思维	结构较完整，能部分体现工程与技术思维	结构不完整，无工程与技术思维	
修改	能根据建议认真做迭代修改	根据建议做了部分修改	未根据建议进行修改	

4. 促进师资力量提升的多维联动评价

课堂教学评价：以评价量表为媒介，采用多元主体评价方式，通过教研交流、家长开放日等形式，开展同行评价、专家评价、学生评价、家长评价，有效促进教师专业发展，提高课堂教学效果。

业务竞评活动：紧跟上级教科研部门工作部署，积极参加作业设计、微课制作、观评课、片段教学、说课、论文写作及教学技能等多样化比赛活动，加强教师评价研究，促进教师构建教学与评价的导向意识，提升教师业务能力和专业素养。

三、综合实践活动校本课程实施的多维度创新成果

1. 育人价值：促进学生个性成长，提升综合素养

通过“特色文化”和“特色主题活动”课程的教学，促进学生个性成长，并提升综合素养。依托非遗传习所和研学基地，学校培养出了很多在南音演唱演奏、泉州花灯、书法等非遗项目方面获得青少年奖项的学生，他们全面发展、博采众长。

2. 教师成长：教师打破学科壁垒，促进专业成长

在教师成长方面，学校鼓励教师专业发展，打破学科壁垒，促进教师的综合能力提升。通过综合实践活动校本课程，每位教师的发展需求得到尊重和满足，从而推动了学科教学的改革。学校为教师提供了多元发展平台，促进教师的专业成长，因此有很多教师成长为省市教学名师、学科带头人、骨干教师以及工作室领衔名师。学校在教学研究方面也取得了显著成果，完成了许多国家、省部级课题，并在各级各学科竞赛中获得多项奖项。

3. 学校发展：形成鲜明办学特色，取得多方赞誉

学校注重发展，形成了鲜明的办学特色，并得到了多方赞誉。学校建立了 5 个系列、22 个单元的非遗项目学习课程体系，以及适合学生自主探究的学习路径。根据这个课程体系，学校开发了“走进泉州西街”和“我是非遗小传人”两个系列的校本教材。此外，学校还开设了丰富多彩的校本少年宫课程，并增设了南音、书法等社团活动，使学生能够进行自主学习和探究学习，从而提高了教育教学的质量。此外，五祖拳作为校园课间操的体育活动，不仅有助于学生强身健体，还将非遗项目落到实处，赢得了家长和社会各方的认可。

学校将非遗文化作为办学特色项目，融入教育教学和校园文化建设中。通过将传统文化内化于心，学校培养学生良好的品德和爱国爱乡的情怀，推动了学校的文明健康发展。

第四节　综合实践活动中问题意识的培养策略

综合实践活动和谐课堂要引导和鼓励学生自主地发现问题和提出问题，并对提出的问题形成自己的探究思路。在实践活动过程中，发现问题与提出问题是学生探究的起点，学生的问题从哪里来、怎样培养学生的问题意识是教师首要关注的焦点。因此在综合实践活动课堂教学中，教师要培养学生的问题意识，启发学生生疑，引导学生发问，鼓励学生想问、会问、善问、多问、乐问，品味和谐课堂之乐。

一、营造氛围，让学生想问

教育家陶行知曾说过：“发明千千万，起点是一问。”有了疑惑，才能出现“心求通而未得”的情形。在综合实践活动中，学生应该是问题的发现者和探究者。低、中年级学生问题意识较为薄弱，主要表现为不敢问、不愿问、不会问或不善于问。在教学中，教师要努力创设和谐的课堂教学情境，鼓励和引导学生善于发现问题，勇于提出问题，培养学生的问题意识，拨动“问”之弦，使学生从有疑问到疑问消失，再到又产生新的疑问，激发学生自主探究的欲望，让他们体验综合实践活动课堂的乐趣。

比如教学《玩鸡蛋》这节课时，笔者事先把一枚鸡蛋放在装满食醋的玻璃杯里浸泡，上课时给学生变一个魔术。学生们看到鸡蛋一点点大起来时，那没精打采的眼睛突然就发光了。笔者抓住时机，问：“为什么小鸡蛋会变成大鸡蛋呢?”此时此刻，学生们会产生一连串的问号：“为什么会这样呢?”“是水里面掺杂了什么吗?”“这跟鸡蛋壳有关系吗?”这一个个问题不正是我们需要的有价值的问题吗？这小小的鸡蛋，既调动了学生学习的兴趣，又培养了学生关注日常生活的意识。激发了学生探究的欲望，很自然地进入下阶段的探究学习。

综合实践活动课的教学目标在于学生发现问题、解决问题的过程以及体验发现和成功的乐趣。课堂中，教师根据学生的年龄，创设和谐的问题情境，营造和谐的质疑氛围，引导学生自然而然地发现问题、富于技巧地提问，让学生自发地想探究其所以然，从而使学生积极主动地学习，并使学生在动手操作中获得指导，充分体验到探究的快乐。

二、传授方法，让学生会问

培养学生提问能力的关键，是要教会学生提问的基本方法，让学生会问。在综合实践活动课中，学生往往不是不想问，而是不知该如何问，或者提出来的问题是零散杂乱的。这就要求教师应根据需要和现实情况，教给学生对发现的问题进行甄别、分类的方法，再选择有意义的疑惑进行提问。

例如在《可爱的家乡》的教学中，教师播放《海纳百川闽南韵》视频，学生个个看得津津有味。在这样的情境中，学生对东亚文化之都——泉州的民俗文化充满了好奇，脑中回放着一长串的闽南文化符号：闽南歌、提线木偶、皇宫起、惠女水库、蟳蜅女服饰……学生往往会很零散、杂乱地研究家乡的历史，不知道怎样制订详细的寻访家乡民俗文化的活动方案。这就要求教师应先传授学生正确的提问方法，细化问题，缩小调查内容。例如确定一个以提线木偶为主题的民俗文化研究课题。当主题确定后，学生会有针对性地问："提线木偶最早是在哪个朝代出现的?""提线木偶在哪个朝代盛行?""提线木偶的历史起源是怎样的?""提线木偶有哪些经典的剧目?""提线木偶分为哪几类?"……要达到这样"会问"的效果，就要求教师在课堂教学中，要主动引导学生思考，对问题进行分析、整合，从而帮助学生更好地进行探究、解决问题，确保综合实践活动能够顺利、有序地开展。

三、适时引导，让学生善问

叶圣陶先生曾说过："教师之为教，不在全盘授予，而在相机诱导。"要提高学生的提问能力，关键要让学生掌握善问的基本方法。要让学生善问，就需要教师的适时引导点拨。

如在"认识蔬菜"这一单元教学时，有名学生在教师刚揭示课题就大声问道："为什么妈妈天天逼我吃蔬菜?"全班学生深有同感，不约而同地将探寻的目光投向教师。教师利用这一契机引导学生先观察蔬菜，提出如下问题："蔬菜分为哪几种类型?""蔬菜有哪些营养价值?""蔬菜的生长季节分别是什么?"接着教师引导学生进行比较，提出更深层次的问题："为什么不能只吃蔬菜?""不吃蔬菜有什么坏处?""怎样科学饮食?"最后教师引导学生运用分析、综合的方法，能提出"蔬菜要怎么种?""如何才能种好蔬菜?"等一系列问题。这样引导学生不断提出问题，提高了学生观察和思考的能力；同时，许多问题经过教师引导后进行筛选组合，可以作为学生下一步开展综合实践活动的主题。因此，教师在教学中要掌握契机，培养学生善于提问，让学生问得好、问得妙。

四、自主探究，让学生多问

综合实践活动课在实施过程中主要采用小组合作的方式。在教学过程中，一组组学生聚在一起，进行交流讨论，有时一名同学灵光一闪，就能促发小组同学的思维活动，教师应及时给予肯定和鼓励，让他们自由交流讨论，自发地生成问题。

在《蛋壳变变变》这节课中，学生利用蛋壳制作作品时，笔者要求学生在制作中记录自己发现的问题。在展示交流环节，学生们兴致勃勃，议论纷纷，你一语我一言地发表自己的问题："鸡蛋怎样磕才不会破?""如何清洗鸡蛋?""怎样进行蛋壳的雕刻? 可以做出什么造型?""做彩蛋有什么窍门?"这一连串问题的产生，不正是教师所渴望的学生自主探究能力的体现吗? 也许这些问题以学生当前的知识水平和生活经验还没法解决，但是正是因为有了这样的质疑，有了发问的意识，他们才会收获与别人不一样的成果。

问题的生成方式是多种多样的。综合实践活动课可以把教学内容化作问题，设计合适的场景，引导学生通过解决问题获取人生体验和掌握技能。这些体验可能是粗糙的，但对学生而言，他们在研究过程中如同专业研究者一样采取严谨的态度，经历问题的提出、解决和验证阶段，不仅获得了科学知识，学会了自主探究的方法，更重要的是这些体验激发出学生的探究精神。

五、多元评价，让学生乐问

为了逐步提高学生的提问水平，教师还要注意适时评价总结，引导学生进行多元评价。在综合实践活动和谐课堂中，要让学生和教师共同参与评价。以尊重学生的个性特点为前提，开展以鼓励为主的发展性评价，让学生乐于提出一个个新颖、有创意的问题。

如在《创意书包我设计》教学中，在同学展示精心设计的书包、介绍设计意图时，笔者引导其他同学在倾听过程中敞开心扉，提出这些设计的不合心意之处："这个奇形怪状的书包能装得下书本吗?""这个书包款式是很新颖，但适合我们小学生吗?""在书包中安装七彩多功能按钮是多么神奇的创意！这真的能变为现实吗?""这个书包有背负与手提两用的功能，这像爸爸的公文包，对我们小学生来说不太实际。"……在这场"最佳书包设计"擂台赛中，学生们畅所欲言，乐于提出不足的地方让设计者进行完善。而教师要尊重学生的一切想法和做法，对那些异想天开的学生，要鼓励他们多尝试，赞扬他们敢于提问的勇气，从而在班级里营造活跃的、自由的、发散的探索氛围。这样既培养了学生乐于提问的勇气，又培养了他们积极思考的习惯。

通过营造质疑氛围，激发兴趣，教师让问题为综合实践活动课铺路架桥，创造条件引导、教会学生自主探究；拨动“问”之弦，培养学生想问、会问、善问、多问、乐问的良好习惯，体验综合实践活动课的乐趣，使综合实践活动课堂教学真正和谐起来。

第五节　小学综合实践活动融合劳育的实施策略

2017 年 9 月 25 日教育部印发的《纲要》开宗明义，提出要“坚持教育与生产劳动、社会实践相结合”，由此凸显劳动实践在综合实践活动课程中的重要性。而在 2020 年 3 月 20 日，中共中央、国务院印发《关于全面加强新时代大中小学劳动教育的意见》（以下简称《意见》），提出：“劳动教育是中国特色社会主义教育制度的重要内容，直接决定社会主义建设者和接班人的劳动精神面貌、劳动价值取向和劳动技能水平。”那么，如何在小学综合实践活动课中融入劳动教育理念，便成为综合实践活动课程构建和谐课堂必须重点回应的问题。

笔者结合教学实践，从劳育合力、劳育模式、劳育途径和劳育平台四方面提出相应对策，以解决小学综合实践活动课程与劳动教育的有机融合和深度融合的问题，达成立德树人的目的。

一、多方联动，形成劳育新合力

劳育是学校德育的重要内容。《意见》中提到劳育要贯穿家庭、学校、社会各方面，把握育人导向，遵循教育规律，创新体制机制，注重教育实效，实现知行合一，促进学生形成正确的世界观、人生观、价值观。为了进一步推进劳育的有效实施，提高家长对劳育价值的认知，学校应联合社会、家庭等各方力量，以综合实践活动课程为载体，形成“三位一体”的育人模式和培养合力，让学生在活动中感受劳动的快乐，实现育人目的。

（一）抓住契机，携手共育

劳育，植根中华优秀传统文化，承载以劳动立德树人理念，对推动劳动创新、建设教育强国意义重大。家庭劳动是劳育中重要的一环，教师要不断引导家长改变观念，明确劳动在孩子成长和未来长远发展中的积极影响，积极热情地培养孩子尊重劳动、热爱劳动的生活态度。教师可抓住有利时机，与家庭、社会携手，开发丰富多彩的劳动实践主题，开展亲子教育实践活动。

例如，教师在看到一年级学生学习了《整理房间》时，根据数学的教学内容和学生生活实际，开展了一年级“我做房间小主人”的综合实践活动。先通过整齐干净的房间和乱七八糟的房间的图片对比，激发学生整理好自己房间的欲望。在指导学生对具体的物品进行分类、掌握分类的方法时，教师引导学生观察、讨论、探究整理房间的好办法，并通过“买回的物品怎么放?”这个活动让学生进一步掌握分类的方法。为了让学生学以致用，教师引导学生将课堂上学到的整理房间的方法迁移到生活中整理自己的房间，让学生在整理自己房间的劳动实践中，进一步体会劳动的含义，获得生活经验，感受劳动带来的变化和好处。学生在学习和实践的过程中提高了劳动的能力，养成有条理地思考问题的习惯及良好的生活习惯，从而实现立德树人目标。

在家庭劳动实践中，家长与孩子亦师亦友，在学习技能的同时，培养了亲子感情，将学校教育辐射到家庭。亲子互动类劳作能增强学生的好奇心、求知欲以及冒险精神，塑造学生的创造性品质，同时亲子在互动劳动中互相学习，共同进步。

（二）发挥特长，多元拓展

新时代劳育不仅要进行劳动技术教育，还要培养学生浓厚的探究兴趣、积极的创造精神和灵活的动手能力。兴趣是最好的老师，而生活是兴趣的源泉。在综合实践活动融合劳育的过程中，要根据学生的年龄和心理水平，选择合适的活动内容和恰当的活动方式，从学生熟悉的事物或感兴趣的问题入手，力求新奇、巧妙、灵动。

教师在一次“巧手展厨艺”的综合实践活动中，发现很多学生只会笼统地说吃菜，叫不出那些经常出现在餐桌上的蔬菜的名字，于是，教师根据自己了解农事活动的特长，设计了“我与蔬菜交朋友”的综合实践活动。学校在教学楼南北两面各修建了一个阳台，教师将两个阳台开辟成几块小菜园，指导学生围绕“蔬菜”这一主题开展“蔬菜的种植”“蔬菜的病害”“蔬菜的养护”等实践活动。学生兴味盎然地参与了播种、除草、浇水、施肥、收获的整个劳动过程，对各种蔬菜的“脾性”有了详尽的了解。

在实施劳育方面，学校还可以邀请各行各业有专业特长的人士和优秀家长进课堂，发挥他们的优势引导学生学习劳动技能，让家长课程成为综合实践活动校本课程。如学校开展非遗项目探究活动，成立了珠绣、木艺等社团，聘请非遗传承人和有专长的家长介绍相关内容，到校指导学生进行设计制作。活动中教师鼓励学生在学习和借鉴他人丰富经验、技艺的基础上，尝试新方法，探索新技术。在实践活动中，学生们从一开始的无从下手到后来的胸有成竹，从难有成品或作品粗糙到做出新颖别致的作品，似乎被触发了奇思妙想的开关，创意无限，令人耳目一新。学生在活动中学到了相关知识和技能，增强了创新意识。

二、学科融合，构建劳育新模式

综合实践活动课程要求进行跨学科整合教学，新时代的劳育要发挥学校教育主阵地，站稳课堂主渠道，以劳动项目为抓手，跨学科融入语文、数学、科学、美术等学科内容，将劳育渗透到各学科融合的综合实践活动中，充分发挥合作学习的功能，创新开展劳育实践，让学生在活动中不断改进方法、不断优化解决方案。

众所周知，科学学科注重让学生认识科学、触摸自然规律，在观察和发现中理解和掌握科学知识；美术教学关注绘画技巧、创作的趣味性与创造性。在“我与蔬菜交朋友”实践活动中，学生遇到病虫害时，一开始束手无策，教师鼓励学生去寻找原因、解决问题。于是，有的学生到当地蔬菜种植基地考察并请教菜农，有的学生到图书馆查阅书籍，有的学生上网搜集资料，还有的学生利用学校科学实验室的设备对采集来的样本进行病害情况观察与分析。学生通过各种途径找到若干办法，并进行比较、筛选，最终有效地消灭了病虫害。在“蔬菜认养”活动中，教师把注重知识的科学学科和注重创造性的美术学科与劳育相融合，使活动过程充满趣味性，发挥了学生的创造性思维。学生在观察蔬菜成长中巧妙运用在科学学科学到的观察记录法和在美术课中学到的素描技法，通过具体的数据和形象的图画从形态、色彩、高度、大小等方面对蔬菜的生长过程进行清晰且有条理的记录，再结合语文课上学到的各种修辞手法对文字进行修饰润色，就形成了充满生活气息的蔬菜生长观察日记。

综合实践活动课意图通过活动培养孩子正确的人生观、世界观和价值观，因而努力探索劳育与综合实践活动的有机融合，打造劳育新课堂，探索劳育新模式，实现立德树人的目标。

三、因地制宜，探索劳育新途径

在综合实践活动课中实施劳育，可以整合学校、社会、传统文化等本土资源，形成多元课程体系，积极创造条件，拓展劳育阵地，将劳育融入志愿服务、研学旅行、职业体验等实践活动中，开展丰富多彩的劳育实践活动。如结合劳动节、重阳节等传统节日，到社区开展主题实践活动；在古城西街开展志愿服务项目，发动广大学生、家长参加文明城市创建活动；学生自愿组成小组，开展邻里互助、爱心公益活动和敬老爱老志愿服务；开展“反对浪费、崇尚节约”“烟头不落地，停车要有序”等志愿行动，弘扬勤俭节约、文明有序的美德。再如利用元宵佳节开展“我是泉州花灯传承人”活动，利用珠绣传承人是学校校友的便利，开展“我是珠绣传承人”等弘扬传统文化的综合实践劳育新课程，让学生在活动中体验劳动的艰辛和收获的快乐，明白劳动创造美好生活的道理，感受传统文化的魅力，培育精益求精、追求卓越的工匠精神，激发学生传承并发扬传统工艺的热情以及对家乡泉州的热爱。此外，学校还因地制宜，开展“小手护古城”研学体验活动。学生通过寻访家乡景点、红色足迹，感受祖国和家乡城市发生的变化。在实地参观、动手实践中，学生们共同见证祖国发展的历史性成就，更加珍惜来之不易的幸福生活。

学生需要更广阔的平台来认识社会、感悟自然、观察生活、认识生命。学校可以充分利用本地丰富的资源开展劳育实践项目，通过多样化的劳育阵地，多元化的劳育体验，引导学生从小积极投身于各种社会服务，从不同角度加强学生对劳动的认识，让他们身体力行，将自己所学到的知识运用到劳动过程中，促进学生综合素养的提高，助力学生的全面发展。

四、更新认识，搭建劳育新平台

《意见》《大中小学劳动教育指导纲要（试行）》（以下简称《劳动纲要（试行）》）等一系列文件的颁布将劳育推到了一个新的高度，五育并举的强音铿锵作响、催人奋进。新时期的劳动教育要求学校与时俱进，在教学实践中，教师可以将劳育的内容和形式进行创新，或者学校与社区联手，搭建平台开展职业体验活动。

虽说德智体美劳的育人标准十分明确，但现实教学中，劳育的份额微乎其微，特别是现在，“下了课就上网”是许多学生的标配，四体不勤五谷不分的孩子很多。基于此，学校开展“学做小菜农”职业体验活动的意义不小。课堂中，教师结合二十四节气和学校蔬菜种植基地激起学生体验小菜农的兴趣，然后了解菜农岗位，明确菜农劳动的一般过程。再让学生学习选种、播种的技能，为课后实地实践打下基础；通过视频学习、模拟移栽，让学生掌握移栽的方法与注意事项，为体验菜农劳动提供方法指导。活动中，播种、移栽、养护和收获，各个阶段、各个环节都需要学生参与，教师把学生分成若干组，体验农人的不同职责。在此次活动中，学生体验了简单的种植过程，学会使用简单的劳动工具，初步形成遵循植物生长规律和季节特点进行科学劳动的观念；初步学会与他人合作劳动，获得初步的职业体验，初步形成热爱劳动的态度。

与社区等联手搭建平台开展职业体验活动也不失为一个好方案。可以为孩子们设立几个岗位，如分发报纸、牛奶，出板报等，孩子们完全可以胜任。可以放手让孩子们大胆地走出去，参加力所能及的劳动，像肯德基店内的清扫任务、公园的小导游等，让学生与普通劳动者一起体验各种职业，在职业体验活动中亲历劳动过程，强化劳动感受。即使失败或遭受挫折，教师们也应该相信孩子们，相信他们可以承受挫折，相信他们会爬起来继续前进，相信他们会在失败的基础上一步步走向成功。

劳育的开展要基于学生、基于社会、基于现在，而着眼于学生未来之幸福，社会未来之需求。学校和教师在开展劳育时，要充分挖掘劳育资源，采用灵活多样的形式，多措并举，以学生喜闻乐见的形式开展，有效提升劳动育人实效，让学生真正成为德智体美劳全面发展的社会主义建设者和接班人。

第二章　综合实践活动课程的资源开发

所谓课程资源是指富有教育价值的、能够转化为学校课程或服务于学校课程的各种条件的总称。可以成为课程资源的各种事物，有的可以直接转化为学校课程，有的能够为课程的实施提供良好的条件。综合实践活动课程的整合性，决定了它的实施需要丰富的课程资源予以支持，在具体的实施过程中需要教师和学生对相关的课程资源进行创造性加工，通过选择、组合甚至改造来开发利用课程资源。

小学综合实践活动课程资源的选择与开发必须遵循开放性原则，这就决定了活动内容必然牵涉到学生生活的方方面面。因此，实施综合实践活动课程，需要教师根据学生的发展状况，充分利用学校、家庭和社会的各种有利资源来广开源头，开发课程资源，将之转化为学生感兴趣的活动主题，让学生在实践中享受成长的快乐。

第一节　提炼校园内的课程资源

学校是学生学习和生活的场所。学生在教育阶段的大部分时间都在学校度过，学校教育对人的影响最深刻、最持久。综合实践活动课程资源的开发，要以校为本，充分挖掘和利用学校现有的课程资源，要把主要的精力和时间放在学校课程资源的利用和建设上。

一、全面考察课程资源

学校作为专门的教育机构，为了学生的健康发展，各种课程资源都受到严格把控和认真筛选。同时，学校里的课程资源开发成本低，使用方便，能够就地取材，还可以重复利用，这就大大提高了课程资源开发的效益。

（一）全面考察，筛选校内课程资源

对学校现有的课程资源进行全面考察，包括了解学校师生数量、校园文化及周边地理人文信息，分析学生认知水平和教师开发课程资源的能力、态度，了解学校图书馆、实验室等基础设施情况及校友或校外社区支持的程度等。全面考察了解并筛选上述信息，能提高学校现有课程资源开发的针对性和实效性。如利用校园资源开展“校园小导游”“小小分餐员”“小小纠察员”等校园服务性活动，利用校友的职业组织诸如“我是小小消防员”“争当优秀小交警”等职业体验活动，借助校友传承的非遗项目开展研学探究活动等。

（二）重点发展，用好教师人力资源

在学校丰富多彩的课程资源中，最重要的是教师资源。教师在综合实践活动课程中扮演组织者、参与者和指导者的角色。学校应该为教师专业发展创造条件，使教师成为自信、主动、富有创造力的教学主体，提高教师科学、有效地教学的能力和课程资源开发能力；让教师和学生之间发生的故事、合作的研究和展开的讨论等发挥独特的价值，在教师与学生自然平实的交流中发现综合实践活动的课程资源，生成可以培养学生综合素养的活动主题，推进综合实践活动课程的发展。

（三）尊重差异，开发学生中的课程资源

开发课程资源最终目标是更好地组织学生开展教学活动，促进学生的全面发展，因此，在开发课程资源的过程中应该充分重视学生的情况，根据学生的具体情况设计个性化的方案，引导学生展开对问题的探讨，重视学生探究的价值，确立学生的主体地位。学生也是综合实践活动课程的重要资源，学生之间家庭资源、个性、知识积累等方面的差异，为学生间的交流与合作提供了伸展的平台。教师应改变观念，充分尊重学生的兴趣、爱好，在教学相长中开发更多的课程资源，让学生在活动中有所收获、有所提高、有所成就。

二、开发、利用好校内外各种课程资源

不同地域有着不同的风俗习惯和地域文化，各中小学校在进行课程资源开发时，要充分挖掘和利用学校及周边可用的本地地域文化、风俗习惯、传统文化等资源，通过加工整理，开发出能够体现本地特色、适应学校发展、

符合学生个性化成长要求和满足学生多样化发展需要的课程资源。

（一）利用好地域文化资源

泉州西隅中心小学所在的泉州西湖社区与泉州民俗文化古街“西街”毗邻。西街是泉州市区现存最完整的古街区之一，这里有古色古香的古民居，耐人寻味的名贤逸事和民间传说犹如一串耀眼的珍珠贯穿其间，简直就是一个历史博物馆。西街与学校相邻，便于学生考察探究。我们开发了“走进泉州西街”综合实践活动校本课程。（具体活动方案见本书第 52 页）西街提供了一个相对独立的学习空间，学生是这个空间的主导者。我们带领学生对古街进行了考察探究。在参观古街的过程中，学生对西街产生了浓厚的兴趣，产生了一系列问题：西街到底有怎样的历史文化，经历了怎样的变迁？西街历代有多少名人，他们有怎样的故事？西街建筑有什么特色？西街老字号店铺有怎样的发展历程？西街居民的生活状态怎样？无数个问题在孩子们心中等待解答，他们异口同声地提议本次综合实践活动就围绕西街展开。于是，“走进西街”这一活动主题诞生了。首先，我们结合西街文化资源，确立了活动的大课题——“依托当地文化资源，推进综合实践活动常态化”。其次，各年级在学校大课题框架内根据学生的认知特点，确定了本年级组的子课题。学生们在老师的带领下，欣赏西街名胜，听长辈们讲西街动人的故事；同学们走进南音社，认识南音、了解南音、学唱南音；走进侯阿婆肉粽店，品尝肉粽，学习包粽子，探索包粽子的方法……丰富的主题活动面向学生完整的生活世界，为学生提供开放的个性发展空间。如五年级的“魅力南音”主题活动，老师带领学生参观南音社，欣赏南音曲，让学生知道南音是闽台一带的古乐种；学生向家乡的老南音音乐人学唱南音曲子，感受南音曲调飘逸典雅的特点，对南音产生兴趣；学生通过采访、查阅资料，了解南音基本知识，并通过小组合作展示研究成果，通过制作手抄报、简单吟唱等形式弘扬家乡文化，培养表现自我和交流表达的能力。

（二）立足学校人文特色，开发特色活动课程

因校制宜开发课程资源要结合本校的传统和优势，可从学校的发展历史、办学理念、校风、校训，本校的优秀毕业生、优秀教师在各方面取得的成绩，学校在同类学校中的地位，学校内部组织状况，德育环境、学习氛围，以及师生的知识技能、爱好特长、情感、态度、价值观等各方面着手开发课程资

源。如在学校校庆时，可以开展“校史知多少”“我为母校献礼”等主题实践活动，表达学生对学校的热爱。只有把学校已有的课程资源用足用好，才能确保综合实践活动课程的高效实施。

再如，志愿服务是社会文明进步的精神名片，志愿活动既能传递爱心，又能传播文明，加强人与人之间的交往与关怀，促进社会和谐与进步。而学校作为学生日常学习生活的地方，更是学生开展志愿服务活动的最佳场所。为了让学生从小了解、经历志愿服务活动，培养孩子的责任与担当意识，教师依托教科版小学综合实践活动资源包五年级上册《我做校园志愿者》，开发了以社会服务为主要活动方式的两个小课题：一是“小小校园志愿者”，以所有的校园志愿岗位为依托，启发学生发现和体验各种感兴趣的志愿服务。二是“我做图书管理员”，以学做图书管理员为切入点，引导学生在实地观察、调查需求、考察访问、学习技能等活动中获得丰富的活动体验，促进学生养成善于观察生活、发现问题并主动解决问题的习惯。在当图书管理员的志愿服务中，学生提升了志愿服务的技能，感受到志愿服务带来的乐趣，激发了为他人服务的意识，认识到服务的本质，体会到志愿服务的精神，形成责任担当、热心公益的良好品质。

（三）打破学科壁垒，开发多样的校本课程

在开发课程资源的过程中，教师应注意打破学科之间的界限，强化学科资源的整合与利用，提高课程资源利用率。

例如，为满足多样化的课程实施与差异化的学生发展，教师以学科整合为基础，以学生为中心，关注科技与人文的融合，开发了基于 STEAM 教育理念的跨学科融合的校本课程。例如二年级的几个学科教材中都有关于春节的内容，这些学科的教师共同开展了“手拉手迎新春”的跨学科主题实践活动。语文教师引导学生诵读有关春节的诗词，感受人们喜迎新春的喜悦；综合实践活动教师鼓励、指导学生开展调查活动，了解过年的风俗习惯；美术教师带领学生动手制作新年贺卡；音乐教师通过吟唱喜迎新春的歌曲，引导学生体会过年的欢乐情景……在这一系列教学活动中，不同学科的教师抓住了教材中的共同点，将其进行有益整合，不仅提高了资源开发利用的效益，也使课堂充满了生机与活力。

学生在这样丰富多彩、形式多样的主题实践活动中，既有个人活动，也

不乏小组合作，在各科知识的相互融合、层层铺展、循序渐进中，学生的各项能力得到了可见的提升。

第二节　向社会生活和自然环境延伸

综合实践活动的目标指向每一个学生的实践能力及综合素质的提高，指向学生个性特长的发展和人格的完善，这使得综合实践活动必须突破课堂教学的时空局限，向社会生活和自然环境延伸。

综合实践活动必须立足学生的生活，从自然现象到社会生活，从身边小事到国家大事，从现实世界到历史和未来，甚至学生日常的见闻与感想都可能成为综合实践活动的重要课程资源。教师要引导学生从生活与学习的各个领域中发现新的课程资源，接下来从四个方面来展开论述。

一、利用自然生态资源，培养生态意识

每个地方的自然生态环境都千差万别、各具特色，利用自然资源开展综合实践活动，有助于学生全面了解自然资源，并培养他们的环保意识和可持续发展的观念。教师应优先选择、开发社区自然资源，有效利用各种自然生态环境开展实践活动，满足学生需要，突出教学特色。

教师可以根据实际情况选择合适的环境进行深入研究。比如，学生发现日常经过的河流不如以前澄澈，而是垃圾堆积、恶臭扑鼻，由此教师策划了“生活河流污染小调查”主题活动。学生小组制订了调查计划，对河流的污染情况、污染原因和处理情况进行了调查；通过实地考察、访问居民和管理单位、上网查资料等方式展开深入探究。在此活动之后，还可以引导学生开展“我是河流环保宣传员”的主题活动，在社会服务活动中进一步培养学生正确的价值观和责任担当，促进学生的全面发展。

围绕生活中的自然生态资源，教师还可以设计“家乡的山水”这类主题活动。主要从“亲近与探索自然”“体验与融入社会”两个维度，以家乡的山水作为出发点，引导学生了解家乡，培养热爱生活、热爱家乡的思想感情。这类主题活动可以设计四项主要活动，分别是搜集和整理资料、实地考察、交流访谈、评价反馈。教师通过展示家乡的山水图片，让学生了解家乡的山

水，引导学生提出想探究的问题，并对问题进行梳理，组建研究小组。学生通过多种途径搜集图片、文字、视频资料，也可以是地图。实地考察和交流访谈是这类主题活动的重点，让学生到自己家乡的山水中去考察、体验，了解家乡山水的历史、现状和发展，了解滥用自然生态资源的危害，进而培养热爱家乡的情感和保护家乡的责任感。然后，学生将自己的研究成果通过不同形式展示出来，学会与人交流、合作、分享，教师则引导学生客观评价自己在活动过程中的收获，反思不足，并寻找解决办法，从而提升学生各方面的能力。

在自然生态资源的考察中，学生能较为深入地了解自然资源的重要性，不仅培养了环保意识和可持续发展的观念，同时也能够培养创新精神和解决问题的能力，这将有助于学生在未来的发展中正确对待自然生态资源，为实现可持续发展做出自己的贡献。

二、立足地域文化资源，传承中华优秀传统文化

富有特色的人文环境资源是鲜活丰富的，它能给学生提供认识社会、感知社会的条件，可使学生获得直接、深刻、具体的生活教育。

泉州是著名的海峡西岸城市，历史悠远、人文荟萃，有着厚重的历史文化底蕴和丰厚的多元文化历史遗存。如何让学生进一步了解自己的家乡，有效达成自觉传承和弘扬家乡历史文化的使命感呢？教师利用泉州地区的非遗文化开发了“非遗项目学习”系列校本课程。泉州珠绣是闽南地区宝贵的非物质文化遗产，是民间织绣艺术的活化石，对研究、开发、保护、传承闽南地方文化具有重要的价值，为了保护和传承这濒临失传的传统手工技艺，学校结合综合实践活动开展研学实践活动。教师积极调动学生探究的欲望，引导学生提出问题，梳理有价值的问题。孩子们在活动中了解泉州珠绣的发展史，探讨泉州珠绣的现状及传承办法，学习珠绣工艺技法，欣赏珠绣优秀作品，策划珠绣作品推介会；在活动中体验珠绣独特的工艺技法、绚丽多变的色彩、精美的作品，领略到泉州历史文化的博大精深和历代泉州人民的聪明才智。活动中，教师注重培养学生大胆创新的精神，动手实践的能力和善于发现问题、解决问题的能力。

学生在教师的指引下，走出校门，深入社会生活，通过深度实践探究，

获得成长体验，提高了综合素养，培养了关注生活、服务社会的意识，也增强了社会责任感。

三、关注学生兴趣，加深对生活世界的认识

小学综合实践活动课程立足真实情境和现实社会，以学生的活动为线索，构建学校、家庭、社会三维活动网络，全面实施教育。综合实践活动课程关注学生的兴趣，开展丰富多彩的实践活动，让学生用自己的眼睛观察生活，用自己的心灵感受生活，用自己的方式研究生活。

如根据学生课间喜欢玩陀螺、悠悠球的情况，可以引导学生开展“最感兴趣的课间游戏”主题实践活动，引导学生围绕主题认真搜集资料，进行调查研究，并对收集的资料和调查的数据进行处理，找出大家最感兴趣的游戏，形成研究结果和报告。

再如“色彩在生活中的妙用”主题活动，也源自学生在生活中的发现。周末时学生与家人外出聚餐，发现许多餐厅的桌椅都使用了橙色，他感到疑惑不解，就向老师请教，老师鼓励他们自己去探究这个问题。在教师的指导下，学生确定了“色彩在生活中的妙用”这个活动主题。教师只有留意学生生活，关注学生的兴趣，才能及时捕捉可用的课程资源，形成精彩的实践活动，学生才有机会通过体验与实践，感受探究的乐趣，获得丰富的收获。

在通信发达的今天，社会热点或一些突出事件也可以成为课程资源。教师可以引导学生选取他们感兴趣的、有价值的热点事件进行调查研究、寻找真相、分析原因、探讨解决方法。这样的活动更能激发学生积极参与的热情，从而让学生接触社会、体验生活，形成对自然、社会、自我的整体认识。如现代生活离不开汽车，但汽车在给生活带来便利的同时也产生了不少弊端：每天上下学高峰期，校门口被堵得水泄不通，学生过马路时小心翼翼却常常进退两难。于是，教师引发学生的兴趣点，组织讨论，最后确定了以“汽车与我们的生活”为主题的实践活动，并根据学生的兴趣生成“汽车的种类”“汽车与安全”“汽车与环保”“走近车标”“未来的汽车”“汽车的影响”等研究小主题，以小组合作的形式，开展调查、讨论和分析总结，使学生对汽车有更深层次的了解。在这个主题活动中，学生通过小组合作，提高了发现问题、处理问题的能力，促进了综合实践能力的发展。

开发综合实践活动课程资源时，从学生所处的生活世界出发，从学生熟悉和关注的社会生活出发，比如社区环境的变化、集镇的兴起、道路的改造、田地的减少、人们生活的变化等，引发学生的兴趣，开展主题活动。学生通过一系列活动深入探究自己生活的世界，获得全方面的发展。

第三节　根植本土，整合课程资源

带领孩子们考察周边的社会环境，提高社会沟通能力，激发探究的兴趣，养成对社会负责的态度，是综合实践活动课程的宗旨和魅力所在。因此，挖掘和利用本土文化优势，开展具有本土特色的综合实践活动，对于培养学生关注社会、服务社会的意识以及传承地方优秀传统文化、吸取传统文化精髓具有深远的意义。

一、追寻历史足迹，探访当地名人

泉州人杰地灵，孕育了一代代杰出人物，他们的名字熠熠生辉：民族英雄郑成功、杰出的方志史学家何乔远、明末杰出思想家和进步史学家李贽、万历年间最著名的雕塑艺术家何朝宗……他们集中体现了泉州人“爱拼才会赢”的精神。循着这些名人的足迹，了解他们的故事，孩子们不仅学到了丰富的历史知识，而且弘扬了民族精神，传承了民族文化。利用泉州的历史文化资源，我们开展了“郑成功史迹小调查”综合实践活动。围绕这一主题，学生确定了“探寻郑成功纪念馆”“探寻国姓榕和延平郡王祠”“探寻五马朝江”“探寻‘海上视师’石”“探寻碑林”等子课题，通过调查、观察、测量、搜集文献资料等手段，对各子课题展开研究。通过这些活动，进一步培养学生崇敬英雄、热爱家乡的情感。

二、立足现实生活，研究当地美食

闽南风味小吃蕴含着丰富的历史文化内涵，泉州流传着许多有关食文化的故事。泉州的大街小巷汇集着各种各样的小吃，吸引了大量游客前来品尝。闽南小吃以“鲜、香、淡”和色香味俱全而深受大家的喜爱，诸如上过《舌尖上的中国》的润饼和萝卜饭，令人垂涎欲滴的海蛎煎、面线糊、地瓜粉团、糯米丸子、鱼卷……它们同散发着芬芳的泉州大地一起，偕春花秋月，依南音北管，为千年古城增添了文化韵味。基于此，可开展“舌尖上的泉州”“学做家乡小吃”等主题活动。“舌尖上的泉州”这一活动可设计欢天喜地“聚”美食、五彩纷呈“话”美食、大显身手“做”美食、唇齿留香“品”美食、“惠”聚美食扬文化这些环节。通过活动，让学生了解泉州特色小吃，知道家乡小吃制作所需的食材，掌握几种家乡小吃的制作方法。在培养学生探究问题的兴趣，体会实践带来的幸福感的同时，让学生感受家乡人民的勤劳能干，让家乡小吃文化得以传承和推广。

三、关注周边环境，探寻城市建筑

泉州是国务院首批公布的历史文化名城之一，历史悠久，文化积淀丰厚，具有重要的历史、文化保护价值。因历史、地理原因和泉州海纳百川的宽阔胸襟，泉州拥有独特的建筑形式：雕梁画栋的“古大厝”、中西合璧的番仔楼，还有东西塔、海蛎厝、屈斗宫古窑、洛阳古桥均是泉州地区最具特色的建筑，不管是古代还是现代的建筑造型，都可以用精雕细刻、美轮美奂、金碧辉煌等词汇来形容。为此教师组织开展了“探究泉州的建筑”“与石头亲密接触”“探索泉州的桥”“走访洋楼”等综合实践活动。以“探究泉州的建筑”为例，可以确立“记忆中的泉州建筑”“‘宫殿式’大厝”“中西合璧的洋楼”“纯粹的西式建筑”“泉州传统古民居与泉州自然环境关系的研究”等几个子课题，学生通过对家乡街道的走访和家乡建筑资料的查阅，了解泉州建筑的特点、泉州建筑的发展历史等。在走访街道的过程中，培养学生掌握访谈的技巧，在搜集、处理资料时，培养学生合作交流意识。泉州的特色建筑凝聚着泉州人民的智慧，是泉州发展最好的见证人，在活动中，学生能更好地了解泉州的发展变化，感受到泉州建筑文化的魅力，在心灵深处感受到家乡的变化，从而对家乡产生认同感与自豪感。

四、聚焦本土特色，认识家乡特产

勤劳聪慧的泉州人民创造了闻名海内外的地方特产：安溪铁观音、永春柑橘、晋江衙口花生、源和堂蜜饯……学生通过参观、研究，开阔了眼界，学到了书本上学不到的知识，更深刻地了解了家乡的变化，增强了热爱家乡的感情。在活动过程中，教师努力为学生构建开放的教学环境，提供多种渠道获取知识，帮助学生把学到的知识综合运用于实践。如开展以“飘香的安溪茶文化”为主题的综合实践活动，学生可查找关于安溪茶的资料，到茶都、茶文化博览馆参观、访问，亲身参与实践体验。亲自上茶山采茶，了解茶的种植，参观茶叶制作的过程，了解其中的学问，探寻身边的茶俗。如：斗茶、品茶、茶王赛等。学生的眼、耳、鼻、舌全方位出击，观察、辨析、整理资料等能力均得到了最充分的锻炼。孩子们真正触摸到茶文化的源远流长及丰富内涵，在博大精深的茶文化前驻足观望，流连忘返，陶醉其间……教师引导学生开展丰富多彩的探究性学习活动，体现了学生活动的自主性、探究性，帮助学生学会发现、学会探究，培养学生发现问题和解决问题的能力。

五、了解民俗风情，品味民间艺术

丰富多彩的民俗风情是泉州一道亮丽的风景线。泉州到处弥漫着浓郁的乡土文化气息。至今流传着的南音、梨园戏、木偶戏、高甲戏，不仅是我国戏曲艺术的宝贵遗产，也是海外侨乡倍感亲切的乡音；拍胸舞粗犷诙谐，火鼎公、火鼎婆妙趣横生；发祥于泉州的南派少林武术，影响遍及东南亚、日本等地。泉州的民间工艺也独具特色。德化瓷器工艺精巧，自宋代就远销世界各国，被誉为“国际瓷坛明珠”；泉州的石雕技术高超，题材多样，以惠安的雕工为最，有“石雕之乡”之称；木偶头雕刻、彩扎、竹编、刻纸、纸织画等工艺品也名扬中外。为了进一步传承闽南文化精髓，启迪学生心灵，可开展“闽南童谣擂台赛”“南音大会唱”“走进梨园戏”等主题活动。如：开展“走进梨园戏”综合实践活动，让学生了解梨园戏是“东亚文化之都”泉州的宝贵文化遗产，为自己是“文都”少年而自豪；培养学生喜欢梨园戏的情感，奠定为家乡传统文化的传承与发展尽一份力的责任感。这些主题活动，促进了学生对家乡本土文化的了解，激发了热爱家乡的情感，也促使其智力、能力获得充分发展。

六、整合各方资源，驻足名胜古迹

泉州旅游资源丰富，文化底蕴深厚，自然景观与人文景观交相辉映：历史悠久的西街、巍然屹立的东西石塔、气势雄浑的洛阳古桥、令人敬仰的郑成功史迹、保存完好的屈斗宫古窑址，无不闪烁着泉州历史文化的光彩；风格迥异的灵山圣墓与清净寺，“山中无石不刻字”的九日山摩崖石刻和天后宫等，无不记载着与东南亚、阿拉伯国家友好往来的历史珍迹，是东西方文化汇合交融的文明硕果；戴云山、清源山、崇武古城等山光水色，使人流连忘返。这些名胜古迹历史悠久、人文荟萃，蕴涵着泉州丰富的多元文化，充分体现了闽南建筑文化、妈祖文化、海上交通文化、宗教文化的相互交融，展示了历代炎黄子孙英勇不屈和勤劳聪慧的风貌。基于此，我们可以引导学生对家乡的历史文化和旅游文化进行整合，开展探究活动。还可开展对周边自然风光的探究活动，如通过“海丝起点——九日山”“我是小导游”等一系列活动了解泉州，介绍泉州，进而发展泉州。

综合实践活动课程资源的开发在充分挖掘学校课程资源的同时，要研究和分析地方条件，充分挖掘地方自然条件、经济文化状况、文化传统等方面的课程资源，体现课程资源的地方特色。闽南文化是中华民族文化中的瑰宝，其文化底蕴深厚，一言一语、一曲一物都充满着浓郁的乡土气息，开发具有闽南特色的综合实践活动课程资源，发挥课程优势，将本土的地域特色优势加以挖掘、整合并实施，通过一系列的实践活动和深度体验探究，有效地达成增强传承和弘扬闽南文化的自觉性和使命感，让学生从“书本世界”回归到“生活世界”，使综合实践活动课程的实施绽放奇异的光彩。

第四节　融合劳育，拓展课程资源

劳动教育是学校德育的重要内容。学校要加强与家庭、社会的联动，让社会各方积极参与到学校劳动教育课程的开发中。生本视角下，学校传递的不仅仅是知识，更是生活的技能。学校劳动教育要充分发挥劳动的育人功能，以综合实践活动课程为载体，盘活传统文化，挖掘家校资源，巧手学工学农，依托公益活动，有机地将劳动教育融入到多元的综合实践活动中，形成“三位一体”的育人模式和培养合力，进一步推进劳动教育的有效实施，让学生在活动中感受劳动的快乐，实现自我价值。

一、挖掘传统文化资源，传承中华传统美德

《劳动纲要（试行）》明确要求：“中小学要以使用传统工具、传统工艺的劳动为主，引导学生体会劳动人民的艰辛与智慧，传承中华优秀传统文化，兼顾使用新知识、新技术、新工艺、新方法的劳动。”深入挖掘中华优秀传统文化资源，尤其是地域性的文化资源，开发综合实践活动主题，以传统工艺无缝衔接劳动教育，更能引起学生的情感共鸣，培养其良好的道德品质。下面是我们利用传统文化资源，融合劳育，开展综合实践活动的案例。

教师可以借一年一度过春节的契机，开展“热热闹闹过春节”主题实践活动。通过考察探究，学生在制订出相应的研究计划后，分组查找资料，做资料卡，调查、分析，制订访问计划，依计划访问，做好访谈记录表等，在活动中发现春节习俗的文化内涵，感受春节习俗的发展与变化。学生了解春节的相关知识后，鼓励他们以小组为单位，依据自己的兴趣爱好、能力，自由选择适合自己或自己擅长的方式展示研究成果。为满足不同学习水平的学生的需要，激励学生完成更有挑战性的作业，开展“与家人一起制作年夜饭”活动，提高学生的自我效能感，促使他们不断提高综合素养。

利用端午节开展“端午粽飘香”实践活动。学生通过搜集资料，了解粽子的种类、包法、材料、制作过程等。在此基础上，引导学生根据自己和家人的喜好、需求设计制作口味独特的粽子，完成“美味粽子创意设计单”，再依据设计单自主选择材料和工具动手包粽子，体验创作和劳动的快乐。包好粽子后，为自己的粽子写一份“推介词”，参加“粽子品鉴会”，提升语言表达能力和客观评价他人的能力，学会自我反思和向他人学习。

以传统节日元宵节为立足点，融合泉州独具匠心的“上元丸”制作工艺开展劳动实践活动。通过观察老泉州人制作元宵的过程，探究其馅料制作的工艺和智慧。别看小小的一颗元宵，制作起来可大有讲究。学生们亲手参与切葱头、炸猪油、炒花生、碾芝麻、拌白糖……不仅要留心材料的选择，还要掌握烹饪的具体方法，更要留心材料制作和添加的顺序，可谓门道颇深。然而这仅仅是制作过程的一小环，接下来学生探究将元宵馅料敲打成型的方法，运用传统模具一步一步地敲实馅料，并取出整粒花生芝麻馅。现在的学生几乎没有见过和使用过这种传统模具，他们在实践的过程中无不赞叹祖辈

的劳动智慧。最后，将敲打好的元宵馅在糯米粉中滚成元宵更是并非易事。馅料蘸水，放到糯米粉中均匀地摇晃滚动，捞出蘸水，再继续滚动……当他们将多次实践亲手滚好的元宵下锅煮好时，口中的甜味不但有元宵的“甜”，还有劳动的“甜”。活动结束之际谈及收获，学生感触良多，他们体悟到，元宵从一颗小小的馅滚到大需要漫长的过程，这种坚持正是祖辈传承下来的不屈不挠、自强不息的传统文化精神。

习近平总书记指出：不忘本来才能开辟未来，善于继承才能更好创新；我们要努力用中华民族创造的一切精神财富来以文化人、以文育人。学生在动手制作元宵的过程中切身感受到了传统文化中蕴涵的精神和力量。在实践的过程中，传统工具和传统工艺激发了他们的劳动兴趣，锻炼了他们的劳动技能，培养了劳动品质，真正做到了以劳育人。

二、挖掘家校资源，发展劳动智慧

劳动教育是源于生活的长线教育，脱离了生活的劳动就是无源之水、无本之木。综合实践活动以学生的真实生活为资源，于是得以源源不断地为劳动教育提供良好的契机，将育人理念渗透于劳动教育之中。

现在的学生不少是独生子女，即使开放二孩、三孩政策后，不少家中有两三个孩子，但“四体不勤，五谷不分”“衣来伸手，饭来张口”等现象仍较普遍，劳动意识缺乏，甚至出现一些学生轻视劳动、不会劳动、不珍惜劳动成果的现象，因此，开展日常生活劳动教育迫在眉睫。为此，学校在灵活的综合实践活动中融合劳动教育：低年级学生个人物品收纳混乱，基于这一生活需要，开展以生活自理为主要内容，进行劳动启蒙教育；在实践探究活动中，学生学会整理自己的书包、学习用品，学会分类整理自己的玩具，学会系红领巾、鞋带等。中高年级依据学生年龄特点，开展“我是家庭小主人”实践活动，学生在活动中学会洗菜、炒菜、洗碗筷、收拾衣物、擦玻璃等，感受劳动的辛苦，获得劳动的成就感，体悟主动做家务的责任感。在小学阶段，学校与家庭是学生劳动的关键场所，家校资源更是增长学生劳动智慧不可或缺的。家校资源的挖掘和共建能够引导学生在家庭和校园的劳动实践中增长劳动本领，形成劳动思维，发展劳动智慧。

在家校生活中常见一些浪费现象，为此，三年级开展了“校园浪费现象的调查”活动。活动后，学生深刻认识到校园浪费现象的严重性，特别是纸张的浪费。教师以此为契机进一步开展“纸艺笔筒”的实践活动，促使学生产生创意劳动的兴趣——将使用过的纸制品制作成实用且有创意的笔筒。活动前期，学生需要搜集家里或校园中废弃的纸制品，在这个过程中，他们看到了平日里司空见惯的资源浪费现象，无形中树立了节约环保的意识。之后，学生小组合作设计笔筒草图，在交流与表达中碰撞出思维的火花，感受博采众长的劳动智慧。动手制作笔筒时，学生遇到了各种各样的问题：使用什么粘贴材料才是最适合的？为何笔筒放入笔后容易倒下？如何使笔筒的功能更多？他们认真观察、实验，失败、推翻，再重新探究、验证……从发现问题到分析问题、解决问题，他们发散思维，观察力、想象力、理解力、判断力、沟通力、合作力等不断得到锻炼，这正是智力发展的宝贵过程。在这个过程中，学生手脑并用地参与劳动实践，当亲手设计制作的笔筒呈现在眼前、摆放在课桌上时，他们体悟到了劳动创造美好生活的含义，以劳动为荣，更加爱惜劳动成果。劳动的智慧成长了，劳动的情感也得到了极大的升华。

三、巧手学工学农，培植工匠思维

《劳动纲要（试行）》提出，劳动教育要重视培育不断探索、精益求精、追求卓越的工匠精神，提倡劳动的榜样激励作用，重视树立大国工匠和劳动模范形象。中华上下五千年的劳动智慧得益于专注严谨、踏实勤勉、持之以恒的工匠精神追求。将工匠的精神和思维植根于青少年的观念之中，在劳动实践里细细打磨，以劳育人，促进育人目标的实现。

手工艺的种类丰富多样，陶瓷、雕刻、木作、刺绣、剪纸、编织、印染……无论何种工艺，其背后都蕴藏着博大精深的工匠技艺，而这些以技术作为载体的工匠思维与我们的生活息息相关，为劳动教育和综合实践活动课程的开发提供了丰富的源头活水。如，以木工技艺为劳动手段的“雪糕棍变变变”活动，以书籍装订为实践方式的“制作一本自己的书”活动，以陶艺制作为活动内容的“魅力陶艺世界”活动等。

在这些劳动教育活动的实施中，教师在了解教学内容和学生经验水平的基础上，通过巧妙的教学设计，激发学生发自内心的学习愿望。通过展示预先做好的作品，如工艺制作课中色彩斑斓的风筝、漂亮的剪纸，烹饪课中色香味俱佳的菜肴，“诱导”学生动手做的愿望；通过提出一个悬而未决的技术难题，激发学生探究的兴趣；通过教学设计，让学生不断获得收获。如经历了许多失败后完成了一个作品，或者是冥思苦想后对某一个作品有了新的创意，或者费尽了百般周折后设计出一个辅助装置。至关重要的是让学生在心理上产生对活动的认同感，使活动变成自己的活动，不时地品尝成功的喜悦，从而产生强烈的学习愿望和克服学习困难的勇气。

如在“制作一本自己的书”综合实践活动中，教师一开始便带领学生认识书本的结构，并且展示了自己亲手制作的手工书。手工书与市场上的书有很大的不同。市场上的书大多是机器制作的产品，而手工书保留了传统书籍自编自撰自订的特点。学生初见手工书就被吸引了注意力，这种具有非凡意义的手工书激起了他们制作一本属于自己的书的强烈愿望。接着他们确定书名、设计封面、搜集内页素材、撰写文字、绘制插图……经历了数道繁琐的工序。这一过程，但凡有任何不耐、畏难、退缩的心理，都将使此次劳动实践功亏一篑。这时，教师巧妙地引入图书制作和装订的视频，带领学生穿越时空，认识卷轴装、折装、线装、胶装、活页钉装、精装等不同的书籍装订方式。学生对精妙的传统书籍装订技艺赞叹不已。接着，他们选用了自己喜欢且适用的方式对编撰好的书籍进行装订。学生们或埋头认真穿针引线，追求毫厘不差的装订艺术之美；或专心打孔套环，志在玲珑巧致的书籍艺术之美。新书发布会上，学生更是十分严谨地采用“和田创新十二法”，为书籍添加装饰、设计造型等。当一本精心制作的手工书最终完成时，学生满心欢喜，丝毫不觉劳动过程的漫长和辛劳。

劳动创造美，这满是“匠心”的手工书正是学生们靠双手劳动得来的艺术之作，弥足珍贵。耐心细致、锲而不舍、精益求精的工匠精神此时已植入学生的劳动意识当中，与其他思维意识融为一体，绽放出劳动艺术之花。

四、依托公益活动，培养责任意识

学校实施的劳动教育不仅要培育学生的劳动素养，更要让学生利用学到的知识与技能，为班集体、校园和社会服务，树立服务意识，强化社会责任感。低年级学生要主动做好自己课桌内的保洁卫生、教室内外的环境卫生，增强集体荣誉感；中高年级学生要积极参加校园卫生运动、校园绿化等，同时到社区等场所参加公益活动，提升公共服务意识。运用综合实践活动，将劳动延伸到校园、社会，增强体验感。

3月是学雷锋活动月，4月又是全国爱国卫生月，卫生问题成了重中之重。教师结合爱国卫生运动，开展了“争当劳动小能手”主题活动。学生通过问题解疑，明确劳动创造美好环境的观念。通过现场体验擦洗玻璃，梳理出擦洗要点及注意事项，然后在擦拭示范下，再次聚焦擦洗要领，并在班级进行现场清洁实践，促进了劳动技能的有效习得和良好劳动习惯的养成。依据校园实际卫生清洁需求，学生在老师的指导下，结合上一阶段擦洗玻璃实践中发现的问题，制订服务计划，重点关注工具的准备和小组分工两个方面的指导，学会制订服务计划，培养思维能力。课后学生根据服务计划表做好相关准备，并开展相应的服务活动，锻炼和提升劳动技能，形成主动服务意识，培养团队意识和互助精神。在活动总结阶段，学生分享劳动服务收获及心得，并反思、改进问题，梳理得失，为下一次服务活动积累宝贵经验，体悟劳动的艰辛。

整个服务活动中，学生发现问题、探究解决问题，真正实现有意义的学习。学生在活动中发现自己的潜质，增强信心和责任心，培养奉献服务精神，真正体会到劳动最光荣，劳动最美丽。

总之，小学综合实践活动课程资源的开发与利用，需要多方面的配合：依托学校，提供强有力的支持；立足生活，激发学生探究兴趣；走进社区，培养学生实践能力；根植本土，融合劳育，整合拓展课程资源，让综合实践活动课程绽放异彩。只有这样全力为学生搭建实践的舞台，学生才能展现出别样的风采，其各项能力才能得到提高，核心素养的培养也才能落地生根。

第三章　综合实践活动课程的实施

根据《纲要》对于综合实践活动方式的概括划分，综合实践活动具有四种活动方式，即考察探究、社会服务、职业体验和设计制作。

无论是哪一种活动方式，综合实践活动课程的实施都要经历三个阶段：活动准备阶段、活动实施阶段、活动成果展示与总结运用阶段。活动过程以学生自主探究和教师有效指导贯穿始终。其组织框架如下图所示：

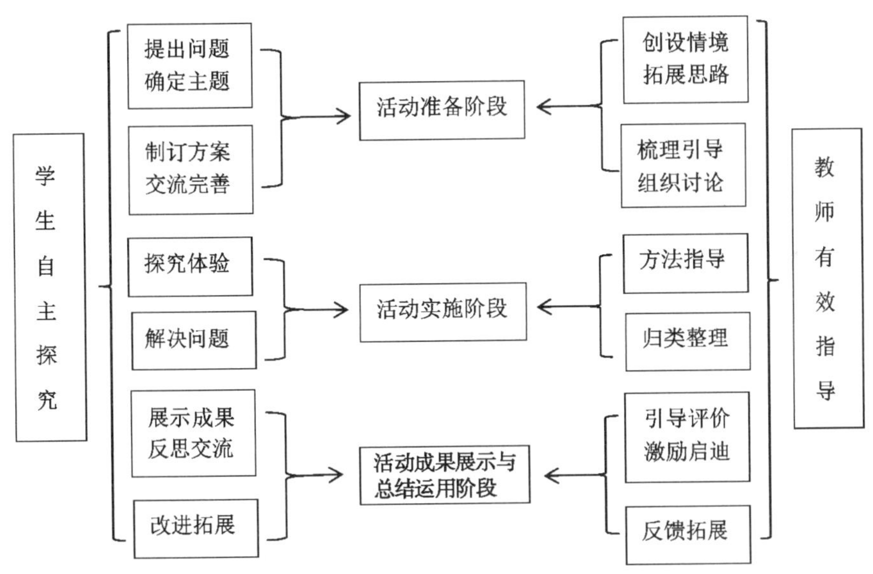

综合实践活动组织框架

在活动准备阶段，教师应创设情境，指导学生自主地从生活中发现问题、提出问题，明确活动任务。活动实施阶段是学生运用方法，搜集资料，进行实践探究或实际操作，获得真实体验的过程。在成果展示与总结运用阶段，学生要整理活动过程中获得的资料、经验、结果和感受，形成观点和经验，发展学生实践能力及良好的情感、态度和价值观。活动期间，教师以作业的形式设计一些活动单、任务单或记录单，让学生在活动的不同阶段完成，活动结束成为评价学生的依据。基于此，接下来将结合案例探讨综合实践活动不同方式的实施途径。

第一节　考察探究的实施

“考察探究”作为中小学综合实践活动课程最基本的活动方式，成为落实立德树人根本任务和推进以发展学生核心素养为目标的基础教育改革的关键途径。

一、考察探究的内涵界定

考察探究是指学生在教师的指导下，从自身兴趣出发，从自然、社会和学生生活中选定和确定研究主题，综合运用实地考察、参观、访谈、记录等方法，开展研究性学习，主动获取知识，分析并解决问题的一种积极的、生动的、自主合作探究的学习方式。这也是当下国家课程方案提倡的研究性学习方式，野外考察、科学实验、社会调查和研学旅行是考察探究的四种主要形式。

二、考察探究的设计与实施

2017 年教育部下发的《纲要》指出考察探究的关键要素包括：发现并提出问题；提出假设，选择方法，研制工具；获取证据；提出解释或观念；交流、评价探究成果；反思和改进。这六个关键要素贯穿于活动实施的三个阶段中。

（一）活动准备阶段

此阶段的主要任务是学生从自己的生活世界中发现问题，形成相应的研究主题，并制订出详细程度不同的研究计划，来指引后续的研究活动。具体包含下面两个关键要素。

1. 发现并提出问题

学生从自身兴趣出发，在对自然、社会与个体生活进行观察的过程中发现问题，在教师的指导和同伴的协助下，对主题进行提炼，最终确定需要研究的主题，保证主题的合适性。

这个要素一般先让学生提出个人的研究问题，后集体交流，最终确定研究主题，并确立小组合作等步骤。合适的主题有利于学生更好地开展考察探究，获得第一手资料。这个要素突出了学生的主体性。

例如“走进泉州西街”活动。活动伊始，老师创设情境，激趣导入，考考学生用闽南语说泉州西街和其地标建筑，引发学生探究西街的兴趣。接着让学生观看西街视频，引导学生交流观看视频的感受，并思考印象当中的西街是怎样的，最想一探究竟的是西街的哪方面内容等，学生讨论后揭示活动主题。然后让学生以小组为单位，填写“走进泉州西街学习单”（见本书第54页），引导学生写出自己感兴趣的问题，并在小组内交流和讨论，初步筛选出想要了解的问题。在此过程中，教师始终用鼓励的语言激励每个学生都积极地参与到小组活动当中，引导学生通过观察和对比，大胆表达自己的观点。将各个小组提出的重复或者类似的问题加以整合，再将整合后的问题进行分类。在分类时，根据学生的质疑，引导学生积极地思考和讨论，规范对于研究主题的表述。最后把可研究的问题转换成研究主题的表述：西街的建筑特色、西街的发展变迁、西街的名胜古迹、西街的美食（咸和甜）、西街的街巷、西街的名人故事等。同时根据学生的兴趣重新分组，成立新的研究小组。

2. 提出假设、选择方法和研制工具

各研究小组的研究主题确定之后，需制订初步的研究计划。这个计划需包括以下内容：（1）提出研究假设，并预想在实施过程中可能出现的难题以及可能的解决方案，由此形成自己的一个或多个假设；（2）在教师的指导下了解常见的研究方法，并根据实施的需要选择适用的研究方法；（3）为使学生在研究过程中及时、准确地搜集所需资料，必须在这个阶段设计好现场观察表、访谈提纲、实验方案或社会调查表等。

例如在“走进泉州西街”活动第一课时，各小组确定好活动小主题后，教师出示“‘走进泉州西街’小组活动方案”表格，引导学生利用课余时间，发挥团队力量，完成活动方案。在活动第二课时一开始，教师就让各组展示课前完成的活动方案，引导学生从方法是否可行、步骤是否详细、人员分工是否合理几个方面交流、讨论，发现活动方案中存在的问题。为了让学生明确考察目的，教师根据具体的考察项目提出一些考察要求，让学生带着问题有目的、有意识、有针对性地进行考察。为确保考察有所收获，教师还指导学生注意收集对解决问题有价值、有意义的信息和在考察过程中产生的新想法和新问题并及时记录下来。指导学生选择考察对象时，要综合考虑考察的时间、地点，能尽量缩短考察时间，要注意与研究问题相关。

然后选取个案，指导学生细化问题，提供研究方法。如学生在交流网络上查找的资料时，教师指导学生辨别这些信息的真实性和研究价值；学生选用访谈方法时，教师引导学生完善访谈提纲，指导学生从问题的必要性、价值性、可行性、针对性来梳理判断问题的恰切性。通过对具体个案的指导，鼓励学生质疑并通过讨论发现解决问题的方法，梳理、判断问题是否恰当，并做修改和调整。

接着从方法、工具、分工等几个方面考虑，继续完善，并最终确定小组活动方案。教师指导学生选择研究方法时，要考虑方法是否有效，是否适合各组研究方向。教师指导小组成员根据自身特点担任组内角色，每个组员各司其职，分工合作，共同完成整个考察探究任务。任务分工要依据组员的能力、兴趣、特长等，合理分工：有的同学摄影技术好，可以负责摄影；有的同学细心，可以负责拓印建筑上的一些雕刻；有的同学善于沟通，可以负责访问有关人士……所需工具要合适、便携、好用。

为了促进学生更好地考察探究，让学生掌握考察方法，教师还组织了一场情境模拟。在指导名人故事组时，教师指导学生采用访谈法、实地考察法、网络查找法和资料查阅法等去了解西街名人故事。在指导访谈时，教师出示表格，详细指导学生拟定访谈提纲和进行访谈的一些注意事项。

考察探究活动以校外为主，深入现场，实地调研，因此，还应编写安全注意事项，同时对学生进行安全教育，增强学生安全意识。

（二）活动实施阶段

此阶段的主要任务是进入现场，运用多种方法搜集资料，来解决前期所提出的问题，分析所得资料并提出自己的观点，进而检验研究假设。具体包括以下两个活动内容。

1. 获取证据

考察探究实施阶段，学生须带着研究问题和假设走进现场，进行一系列的研究活动。学生要携带好观察表、记录本、录音笔、相机等工具，通过观察、访谈、实验、调查等方法搜集解决问题所需要的资料和数据，以更好地理解、解决准备阶段预设的问题以及研究过程中生成的新问题。

在“走进泉州西街”活动中，学生根据活动方案开始实地考察。还探访了风姿独特的古大厝、古色古香的木楼群，学生从街头走到巷尾，深入泉州西街，不漏掉任何细节。活动中，学生徜徉在悠悠古巷中，触摸西街众多文物史迹，通过记录、拍摄等方法形成探究成果。

2. 提出解释或观念

首先，学生对于搜集到的文本材料（调查问卷、实验数据等）、音像材料、实物（标本、模型等）等进行适当的归类整理，并进行不同深度的分析。分析时可以用文字描述、图片呈现、照片诠释、思维导图绘制等形式与工具呈现分析结果。对于获得的文本资料，教师要指导学生去除与主题无关的部分，并对资料的真实性进行核查，去伪存真、去粗取精。对于获得的数据或其他可量化的资料，可采用列表或绘图的方式进行整理分析，为以后进行总结和评价提供依据。最后，对调查结果进行分析，得出探究结论，提出自己的看法或观点，进而对之前提出的假设进行验证，如果假设成立，则将假设视为研究的结论，并从中发现新课题，作为下次探究活动的备选主题；如果假设不成立，则应做出相应的调整，并继续搜集相关的证据来进行佐证。

“走进泉州西街”实地考察结束后，教师细致地指导各组学生对搜集到的资料恰当运用编辑、分类、筛选等方法进行归类整理；然后指导学生判断资料的价值，与课题相关的资料是有价值的，可以选择，而价值不大的资料就要果断淘汰；接着引导学生选取有效资料，设计合适的展示方案，展示方式、展示内容、展示顺序等都要做好细致安排，如果选择的是表演的展示方式，还要做好排练；再通过做卡片、记笔记、剪辑视频、粘贴图片、制作 PPT 等方式进行整理；最后，教师还要指导学生对考察结果进行细致分析与解释，小组展示时要给出小组的最终研究结论。

（三）活动总结阶段

本阶段的主要任务是指导学生对最终的研究发现进行综合分析，得出结论，并以多种方式呈现，而后进行反思、欣赏、展示和评价，为下一步的考察探究奠定基础。总结阶段包括以下两个活动内容。

1. 交流、评价探究成果

考察实施结束后，学生可以通过多种形式展示自己的研究成果，并交流考察中的体验和收获。可以通过照片、调查报告、观察表、实物标本、活动日记、活动记录、手抄报和黑板报等多种静态方式展示活动成果；可以将整个探究活动过程剪辑成视频，做成纪录片，以动态的方式呈现完整的活动过程；还可以举办交流会，引导学生将自己的活动心得和个人情感体验与其他同学共享。各组互相交流本组所使用的研究方法，教师应鼓励学生在倾听后进行质疑。学生们相互交流，取长补短，相互借鉴，有利于他们发现探究中的问题，从而改进探究的方法和策略。

在“走进泉州西街”活动的本阶段，教师引导学生结合自己的活动经历，从活动计划安排是否合理、活动方法是否恰当、考察是否深入、考察是否得出结论等方面畅谈本次活动的收获，并对获得的成果进行正确评价。指导学生结合语文学科的写作知识，以我手写我心，撰写心得体会，并组织学生在班级中进行交流讨论，反思评价，加深印象。在此过程中，教师还要组织学生根据不同的考察内容提炼出合适的研究方法和考察经验，以便为日后活动提供参考。课后教师还要协助各小组做好成果展示的准备工作。

2. 反思和改进

为了学生个体的发展，在活动最后，还应对整个考察探究活动进行评价与反思。可以围绕课题本身质量如何、计划完备与否、工具准备是否妥当齐全、小组合作是否顺利、研究方法的选择和运用是否适宜、活动实施过程中遭遇了哪些挑战、资料分析与解释是否全面、结论提出是否合理等问题进行反思。经过这些反思，学生会意识到自己考察探究的价值及局限所在，进而提出改进的策略与方法，为后续开展的考察探究活动积累经验。

在“走进泉州西街”活动的反思改进阶段，教师引导学生观看考察探究活动的影像，帮助学生回顾前期活动。接着引导学生交流：在活动过程中你们有遇到什么问题吗？你们是怎么解决的？学生纷纷发表感想和体会：想学做传统美食却不会做，就去向老人学做；找不到某个名人故居的位置，就去询问附近老人；因为时间原因，小组同学未能一起活动，深深感受到团结合作确实是做好事情的法宝。

可见学生在探究过程中，不仅有成果的收获，也有思维的提高，他们迫切想展示自己的成果，这样就自然而然地引出成果展示活动。为了让成果展示更高效，教师组织师生和生生之间的谈话交流，共同确定评价标准：主题鲜明、内容丰富、形式独特、解说流畅。然后各组进行精彩的成果展示与互动点评。建筑特色小组以图文结合的方式为同学们展示了西街至今保留着的大量风姿独特的古大厝以及古色古香的木楼群，让同学们仿佛置身于建筑博物馆；发展变迁小组向同学们展示了西街蕴含着的古城丰厚的历史文化积淀，呈现了古城革故鼎新的百年沧桑巨变。学生不仅取得了探究成果，还给出了自己的建议，彰显了城市小主人的风范。名胜古迹小组把唐宋以来泉州众多绚丽多姿的文物胜迹和古厝古塔等一一向同学们做了展示，还有创意地用彩泥制作钟楼和东西塔模型在现场展示。美食一组和美食二组更是让同学和老师们品尝到了西街美食。西街在唐朝时“列屋成街”，是泉州最古老的街道，走街串巷小组带领同学们领略了纵横交错的西街古巷，让人仿佛置身其中。名人故事小组让大家与西街的许多历史名人隔空对话。

小组展示结束后，各小组结合考察成果评价表，按照四个方面来进行评价打星，最后评选出表现最佳的小组。在学生经过这一阶段的活动，对西街有了深入的了解之后，教师让学生结合前期的考察探究对泉州西街进行位置标识（见第 56 页《“走进泉州西街”主题活动方案》表 3 学习单），再次提升学生对泉州西街的认识。最后，从不同方面启发学生畅谈感受与收获，让学生在交流中感受泉州西街深厚的历史文化底蕴，激发热爱家乡、热爱祖国的情感。

附：

“走进泉州西街”主题活动方案

一、主题说明

2021年7月，成功申遗让泉州备受世界瞩目，引发了新一波的世遗旅游热。而西街作为泉州最具代表性的历史古街，更是受到来自全国各地游客的青睐。西街是泉州最早开发的街道和区域，早在宋朝，它就已经象征了泉州的繁荣，它还是泉州市区保存最完整的古街区，古大厝、木楼群、名人宅邸、古刹名寺、小街深巷、美食文化、艺术创新……令人目不暇接。西街蕴含着古城丰厚的历史文化积淀，又诉说着古城革故鼎新的百年沧桑巨变。作为泉州人，更作为泉州西隅小学这一毗邻西街的学府之学子，深入了解西街无疑能激发其家乡认同感、归属感和自豪感。

“走进泉州西街”这一主题综合实践考察探究活动，旨在通过引导学生提出想要研究的有关西街的问题，并筛选、确定活动方案，提升学生信息处理和沟通交流的能力。在实地考察中，指导学生通过观察、采访等实践方式了解西街的历史文化，培养其勇于探究的科学精神，并在浸润闽南文化的过程中培植爱乡之情。考察后及时交流、反思考察收获，尝试运用现代媒体技术展示考察成果，提升学生的技术运用能力。通过指导学生亲历整个考察探究的实践活动过程，激发学生对家乡的热爱之情，产生主动传承和保护家乡文化的意愿，增强社会责任意识和使命感。

二、活动目标

1. 让学生在参观、考察、探究西街，服务游客的活动中，加深对泉州西街历史文化的了解，感受泉州深厚的文化底蕴。

2. 通过小组合作搜集、筛选、整理资料，展示成果，提高学生整理信息、择优选取信息的能力和表达交流能力以及人际交往能力。

3. 增强学生热爱家乡、热爱祖国的情感。

三、开展年级：五年级

四、所需时长：4课时＋课外

五、整体活动规划

主题名称	走进泉州西街	总课时安排	4课时＋课外
内容及课时建议	活动规划		
第一阶段： 活动准备 确定主题，制订计划 （2课内＋课外）	学生们交流自己已有的对泉州西街的印象，提出自己对西街感兴趣的问题，并对问题进行筛选、整合、分类、表述，最后确定研究的主题，并布置课后活动：小组初步制订活动方案。		
	在交流评价中修改完善活动方案；学习考察探究的一些方法。		
第二阶段： 活动实施 实地考察、整理资料 （1课内＋课外）	学生根据活动方案进行实地考察探究，通过记录、拍摄等方法形成探究成果资料，教师指导学生对资料进行编辑、分类、筛选、整理。		
第三阶段： 活动成果展示与 总结应用 （1课内＋课外）	回顾前期活动，交流所遇问题及解决办法。指导学生提炼出评价标准。各组运用不同形式逐一交流汇报探究成果，其他同学依据评价标准进行客观、公正的评价，并结合考察成果评价表，评选出冠亚季军。最后小组讨论并填写西街位置标识学习单，再次提升对泉州西街的认知，并布置后续任务。		

六、主题作业与拓展学习设计

作业任务1：在课堂上能够根据已有对西街的印象，提出自己感兴趣的问题，并在小组内进行交流和评价，填写"'走进泉州西街'学习单"。课后学生以小组为单位制订一份详细的活动方案，供学生们在第二阶段的实地考察时使用。

作业任务2：课上交流各组制订的方案，课后学生根据活动方案开展实地考察探究活动，搜集、整理资料，并制作成PPT，在第三阶段用不同的形式展现探究成果。

作业任务 3：经过考察探究活动，学生对泉州西街有了更深入的了解。课上，让学生打开地图，请小组讨论后用字母在地图上标出各小组活动的位置。在第三阶段展现探究成果时使用。

作业任务 4：在第二阶段课后，请同学们思考：泉州西街闻名海内外，有许多游客纷至沓来，我们作为泉州的小主人，可以为游客们做些什么？

作业任务 5：在第三阶段课上填写“泉州西街一日游小组学习单”；设计制作一份对游客有指导意义的旅游攻略；课后学生可以带着自制的旅游攻略走进西街游客服务中心二楼，为游客提供旅游讲解及志愿服务，志愿服务过程中要求同学热情大方，并记下自己的实践感受。

附相关表单：

表 1　“走进泉州西街”学习单（1）

班级：________　　姓名：________　　学号：________

小组活动要求： 1. 记录：独立思考，在学习单上写下感兴趣的问题。 2. 交流：在组内小声交流提出的问题。 3. 筛选：小组筛选三个有价值的问题，工整简洁地记录在板贴上。 4. 评价：根据实际情况填写评价表。
我感兴趣的问题： 
小组筛选出的三个问题：

续表

评价表			
评价内容	评价标准	个人自评	同伴互评
能提出感兴趣的问题。	每提出 1 个问题可涂上 1 个红砖厝图标。		
积极参与小组交流。	“很积极”可涂上 6 个红砖厝图标；“还可以”可涂上 4 个红砖厝图标；“需要努力”可涂上 1 个红砖厝图标。		
能选出有价值的问题。	本组内每选出 1 个有价值的问题，组员可涂上 1 个红砖厝图标。		

（此学习单用于第一阶段）

表 2　“走进泉州西街”小组活动方案

研究小组	
研究主题	
考察对象	
活动方法	□网络查询　□实地考察　□观看电视新闻 □查阅书籍或杂志　□访问　□其他
活动准备	
活动步骤	
人员分工	
可能遇到的问题及解决办法	

（此表用于第二阶段）

表 3　“走进泉州西街”学习单（2）

请用字母在图中标出各小组活动的位置。

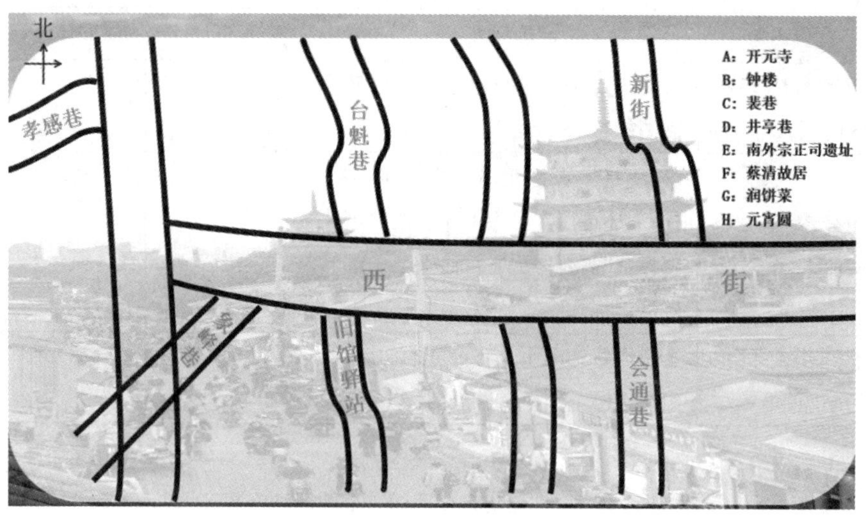

（此学习单用于第三阶段）

表 4　“走进泉州西街”考察成果展示评价表

小组名称	评价标准及等级				获星总数
	主题鲜明 汇报内容与考察内容关联紧密 ★★★	内容丰富 汇报内容丰富多彩，能利用图文结合的方式展示成果 ★★★	形式独特 汇报形式独特多样，能有效突显汇报的内容 ★★★	解说流畅 汇报思路清晰，表达流利，声音响亮 ★★★	
第一小组					
第二小组					
第三小组					
第四小组					
第五小组					
第六小组					
第七小组					

（此表用于第三阶段）

七、特色学习资源分析、技术手段运用说明

第一阶段：在整个活动开展前，执教者使用录屏软件、Adobe Premiere Pro 软件、抖音小视频软件、绘声绘影软件制作了泉州西街的介绍小视频，作为微课在课堂上使用。在活动中，执教者灵活运用多媒体软件，引导学生观看图片、视频等资料，并通过希沃软件向学生展示泉州西街的风貌，学生边看视频边交流讨论。

第二阶段：执教者利用剪映等软件制作学生在实地考察探究活动中的影像，以唤起学生的记忆，交谈感受与收获。利用希沃白板软件制作西街手绘道路图，方便学生进行拼图定位，再次提升学生对泉州西街的认知。

第三阶段：执教者充分利用希沃白板的手机拍照功能，及时捕捉学生在课堂上制作旅游攻略的过程，便于学生交流讨论，为课堂的教学提质增效。

八、各阶段活动内容及教学设计

第一阶段：确定主题

内容分析：本阶段为主题生成课。学生们交流自己已有的对西街的印象，提出自己对泉州西街感兴趣的问题，并对问题进行筛选、整合、分类、表述，最后确定研究的主题，并制订活动方案。通过搜集、筛选材料等，提高处理信息、择优选取信息的能力；通过此次活动，对泉州西街的文化有一定的了解，并增强热爱家乡、热爱祖国之情。

学情分析：本主题的提出非常贴近泉州本土的环境和文化传承的需要，符合学生的兴趣和年龄特点。大部分学生有一定的搜集、筛选和处理信息的能力，能根据教师提供的图片及视频，讨论并完成学习单，对于要探究的主题有浓厚兴趣。

教学目标：

1. 能够根据已有对西街的印象，提出自己感兴趣的问题，并在小组内进行交流和评价。

2. 通过筛选、整合、分类、表述所提出的问题，提高处理信息、择优选取信息的能力。

3. 通过活动，激发学生对泉州西街的研究热情，增强他们的爱国爱乡之情。

重点难点：通过搜集、筛选材料等，提高处理信息、择优选取信息的能力。

课前准备：PPT、学习单、活动方案、小板贴。

所需课时：2课时。

活动简要流程：

关键要素	环节	课堂主要活动	教师指导重点
发现问题	一、激趣导入，激发情感。	1. 考考学生闽南话和泉州西街的地标建筑。 2. 学生欣赏视频，谈感受。 3. 揭示主题。	激趣导入的指导： 引导学生通过观看视频交流感受；思考印象当中的西街和最想研究的方面。
提出问题	二、小组活动，提出问题。	填写学习单： 1. 记录自己感兴趣的问题。 2. 每个小组交流并筛选出三个有价值的问题。 3. 小组内分工合作，工整、简洁地在板贴上写问题，并展示。 4. 根据实际情况小组进行自评和互评。	问题提出并筛选的指导： 引导学生写出自己感兴趣的问题，并在小组内交流和讨论，初步筛选出想要了解的问题，用评价方式激励每位组员都积极地参与到小组活动当中。
选择方法	三、观察对比，整合问题。	认真观察和对比，将各个小组提出的重复或者类似的问题进行整合。	问题整合的指导： 引导学生观察和对比，在讨论和整合中发现问题，大胆表达自己的观点。

续表

关键要素	环节	课堂主要活动	教师指导重点
	四、分类问题，表述主题。	1. 将整合完的问题进行分类，同学间交流想法，有不同意见进行再次讨论分析。 2. 把可研究的问题整理成研究主题的表述。	问题分类及表述的指导： 根据学生的质疑，激发学生积极地思考和讨论，用范例规范研究主题的表述方式。
	五、交流讨论，获取信息。	1. 结合生活实际，交流讨论适合研究的主题和能够获取有效信息的途径与方法。 2. 小组内最终确定活动主题，并选择合适的途径与方法。	主题和方法确定的指导： 引导学生在已有生活经验和学习能力的基础上，掌握获取有效信息的途径与方法，为具体实施做准备。
制订方案	六、任务驱动，制订方案。	课后，以小组为单位，初步制订一份比较详尽的活动方案。	方案制订的指导： 引导学生利用课余时间，发挥团队力量，完成活动方案。

第二阶段：实地考察　中期汇报

内容分析：本阶段为活动的实施阶段，通过记录、拍摄等方法形成探究过程资料，提高学生处理信息、整理信息的能力；通过此次活动，学生对泉州西街的文化有了更深入的了解，加深对西街的喜爱，并增强热爱家乡、热爱祖国之情。

学情分析：本主题的提出非常贴近泉州本土的环境和文化传承的实际需要，符合学生的兴趣和年龄特点。大部分学生有一定的记录、拍摄和整理信息的能力，能对实地考察过程中搜集到的图片及视频，有顺序地进行编辑、分类、筛选，最后进行资料的整理。

教学目标：

1. 在实地考察活动中发现并提出新问题，综合运用观察、调查、访问、实验等方式，多渠道地获取证据，分析并尝试解决问题，提高解决问题的能力，增强团结协作的精神。

2. 根据活动方案实地考察探究，通过文字记录、拍摄等方法形成探究过程资料。

3. 对资料进行编辑、分类、筛选和整理，提高学生搜集、处理信息的能力。

4. 通过活动，激发学生对泉州西街的研究热情，让学生学习泉州西街的历史文化，增强他们的爱国爱乡之情。

重点难点：

1. 根据活动方案实地考察探究，通过文字记录、拍摄等方法形成探究过程资料。

2. 有顺序地对资料进行编辑、分类、筛选，最后进行资料的整理。

课前准备：PPT、活动方案

所需课时：课内1课时＋课外

活动简要流程：

关键要素	环节	学生主要活动	教师指导重点
获取证据（课外）	实地考察探究	各组人员按照考察计划表有序进行考察、参观、学习、记录。 1. 进行实地考察，参观学习。 2. 运用观察、访谈等方法搜集资料。 3. 学生将考察得来的信息记录在考察记录表中。	实地考察探究的指导： 1. 引导学生寻找恰当的对象进行访谈。 2. 引导学生研读门联和碑刻等资料，运用工具收集重要信息。
提出解释或观念（课内1课时＋课外）	一、前期回顾，揭示课题	1. 播放前期活动影像，回顾活动。 2. 自评实地考察完成情况。 3. 交流实地考察中遇到的问题及解决的方法。	前期回顾、揭示课题的指导： 引导学生通过交流发现实地考察活动中出现的问题，并指导如何解决问题。
	二、整理资料	1. 各小组将实地考察搜集到的资料进行分类、整理、汇总。 2. 各小组筛选并商定展示的内容。	整理资料的指导： 组织学生将搜集到的资料先分门别类地进行汇总和筛选；分小组商定展示内容。

续表

关键要素	环节	学生主要活动	教师指导重点
	三、梳理问题，探讨办法	梳理前期考察记录表： 1. 完成“实地考察自评表”并汇报。 2. 梳理探讨“实地考察记录表”，分析出现的问题。 3. 讨论交流解决问题的好方法。	梳理前期考察表的指导： 通过具体个案的方法指导，鼓励学生质疑并通过讨论提出解决问题的方法。有针对性地对前期搜集到的信息进行有序整理。
	四、确定方式，明确标准	制作展示计划表： 1. 选择适合小组的展示方式。 2. 制作“展示汇报计划表”。	制作展示计划表的指导： 师生通过交流与讨论，确定展示方式；引导学生设计展示方案。
	五、撰写活动总结和心得	1. 提炼出研究方法和考察经验。 2. 谈谈本次考察探究的收获。 3. 活动总结。	反思总结的指导： 协助学生准备成果展示，并组织学生提炼研究方法和考察经验；组织学生进行反思评价。

板书设计：

走进泉州西街——中期汇报

出现的问题	展示方式	
考察不深入	PPT	守护
访问不到位	视频	传承
内容不充实	手抄报	
方法单一	表演	
	思维导图	
	……	

第三阶段：成果展示

内容分析：本阶段为成果展示课，回顾前期活动，交流所遇问题及解决办法，再分小组汇报探究成果，根据评价表进行评价和评选，通过拓展的位置标注活动再次加深对泉州西街的认识，最后布置课后任务。通过此次活动，提高学生的表达能力和人际交往能力，加深对西街的喜爱，并增强热爱家乡、热爱祖国之情。

学情分析：本主题活动针对五年级学生开展，符合学生的兴趣和年龄特点。大部分学生有一定的搜集、筛选和处理信息的能力，能通过实地考察探究获取资料，并能整理资料、整合自己的探究成果。

教学目标：

1. 通过考察探究活动，让学生对泉州西街的文化有更深入的了解，感受泉州西街的历史文化。

2. 学生能选择合适的形式并熟练运用多媒体信息技术条理清晰地展示汇报成果，能依据评价标准比较客观、公正地进行组间互评，提升语言表达能力和信息分享能力。

3. 在汇报展示中，提升学生对闽南文化的认识，并增强学生热爱家乡、热爱祖国的感情。

4. 通过位置标注，再次提升学生对泉州西街的认识。

重点难点：

1. 在小组交流评价中提高语言表达能力和人际交往能力。

2. 通过考察探究活动，让学生感受泉州西街的历史文化，增强学生热爱家乡、热爱祖国的感情。

课前准备：课件、学习单、评价表。

所需课时：课内1课时＋课外。

活动简要流程：

关键要素	环节	课堂主要活动	教师指导重点
提出问题	一、前期回顾，揭示课题。	1. 出示前期活动影像，回顾活动。 2. 交流感受，揭示课题。 ①说说活动过程中的感受和收获。 ②分享活动中遇到的问题及解决的办法。 ③揭示课题：展示成果。	活动引入的指导： 通过观看小视频，回顾前期活动，引导学生调动生活经验，从信息处理能力、问题解决能力等方面反思、交流自己小组的收获和感受，关注学生的活动过程。

续表

关键要素	环节	课堂主要活动	教师指导重点
交流评价、探究成果	二、展示汇报，互动点评。	1. 明确任务，师生拟定评价标准。 2. 分组展示，互动点评。 ①提出汇报要求。 ②小组展示，互动点评。 引导学生深入认识西街，重点提出有争议的问题，让学生课后继续探究。 3. 结合“考察成果展示评价表”进行评价，评选出冠亚季军。	交流评价的指导： 指导学生制定评价标准，并结合自己的探究成果进行个性化汇报。引导学生按照评价标准对各组的汇报进行客观公正的评价，并提出中肯的建议，形成尊重他人劳动成果的意识。
拓展提升	三、标注位置，提升认知。	1. 小组讨论并填写西街位置学习单（第56页表3）。 2. 汇报交流，完成位置标注。	拓展拼图的指导： 各小组结合前期的考察探究，在学习单上标注各小组在泉州西街的位置，再次提升学生对泉州西街的认识。
反思和改进	四、畅谈收获，任务驱动。	1. 课堂总结，交流感受与收获，激发学生热爱家乡的自豪感。 2. 主题延伸，布置后续任务。	总结活动的指导： 从不同方面启发学生畅谈感受与收获，让学生在交流中感受泉州西街的历史文化底蕴。

板书设计：

走进泉州西街——展示成果

评价标准

主题鲜明	守护
内容丰富	传承
形式独特	
讲解流畅	

第二节　社会服务的实施

社会服务是综合实践活动的一种重要活动方式，它具有服务、体验、实践等性质。社会服务能帮助学生提高学习兴趣，丰富生命体验，养成服务意识，增强责任意识。

一、社会服务的概念界定

《纲要》指出，社会服务指学生在教师的指导下，走出教室，参与公益活动、志愿服务、勤工俭学等社会活动，以自己的劳动满足社会组织或他人的需要，强调学生在满足被服务者需要的过程中，获得自身发展，促进相关知识技能的学习，提升学生的实践能力，成为履职尽责、敢于担当的人。

二、社会服务的设计与实施

社会服务依据活动的时空，大致包括社区服务、校内服务、家庭服务三种类型。其实施过程会因服务的类型和内容等的不同而有形式上的差异。一般来说，社会服务过程包含以下四个关键步骤：明确服务对象及其需求；制订服务活动计划；开展服务行动；反思服务经历，分享活动经验。这四个步骤构成了一个完整的社会服务活动过程。

（一）活动准备阶段

本阶段的主要任务是做好服务前的准备工作，包括学习必要的服务技能。这个阶段包含两个关键要素：明确服务需求，初步制订服务计划。学生在校园及社区、社会里进行实地考察、访问，并在跟岗体验的基础上，了解服务岗位，生成活动主题，进而学习服务技能，提炼服务要点，小组合作完成服务计划，为正式进行服务做好准备。

1. 明确服务对象及其需求

在活动之前，学生应深入研究服务对象的真实需求，对服务对象的真实需求有了深切的感受，产生帮助他们解决问题的意愿，确定服务对象和服务内容。服务对象可以是人，群体或个体，如孤寡老人或残障儿童等；也可以是动物、植物、环境等。对于小学生来说，日常可直接服务的对象就是学校及周边社区的人、事、物。特别是需要帮助的老师和同学、校园环境、图书馆中的借阅者及大量图书等，更与学生生活密切相关。

如何确定服务对象的需求呢？可以引导学生通过观察社区来了解社区哪些人需要帮助，哪些地方需要通过服务来加以改进和完善。如学生观察到小区分类垃圾桶出现混投的现象，就确定“垃圾分类”是这个社区的服务需求，服务活动便由此展开。也可以通过访谈和调查问卷的方式来了解服务对象的需求。如泉州申遗成功，大量游客前来参观游玩，通过观察、问卷调查和访谈，发现许多世遗景点游客多导游少，特别是散客，帮助他们进一步了解景点，也是一个很好的服务活动。还可以鼓励学生留心观察身边人群生活状态，或关注学校、社区等的信息宣传栏，从中找到合适的服务对象，了解其需求。如空巢老人需要关心，社区在各种节日为老人们送节日问候礼物时需要志愿者，学生就可以参与到此类社会服务活动中。

当然，开展社会服务要基于小学生的兴趣、现有经验及能力，还要注意活动内容的空间和时间的可操作性。在设计活动主题时，教师要引导学生善于观察，了解服务对象的需求，并结合自己的实际情况，去寻找自己喜欢的、适合自己的服务岗位，最终确定服务活动的主题及内容。

例如：在“图书馆志愿行”这个主题活动中，一开始，教师出示一组图片，问学生：同学们，大家看，他们是谁？你是怎么知道的？他们在做什么？通过讨论，让学生认识志愿者标志，认识志愿者，知道他们虽然性别不同、年龄不同，甚至国籍都不同，但他们都有一个共同的心声——奉献和友爱。由此引入：其实在我们的校园也有需要大家提供志愿服务的地方。接着用一封招募信让学生了解“学校图书馆搬迁，有许多图书还未上架，又新进了两千多册新书，图书管理老师忙不过来，要招募志愿者”的消息，明确服务对象及其需求，激发学生踊跃参加志愿服务活动的愿望。

2. 制订服务活动计划

一项服务活动的质量很大程度上是由服务活动计划质量的高低来决定的，因此设计一份高质量的服务活动计划显得尤为必要。制订计划时要引导学生对活动进行整体构思，综合运用所学知识、技术，不断优化行动方案。引导学生在统筹各种资源的前提下，确定服务的程序和步骤，形成合理的服务计划。

在确定活动主题后，教师要指导学生制订科学合理、有可行性的服务计划，培养学生的规划能力。一般来说，服务计划的构成大致有以下几部分：服务主题、服务者、服务对象、服务内容、需要运用的资源和前期准备、小组成员的具体任务或分工、活动时间和步骤、服务评价或成果的展现形式、活动可能出现的困难、有哪些注意事项等。当然，每个主题的服务计划可以视情况灵活制订。

示例："图书馆志愿行"服务计划如下表。

"图书馆志愿行"服务计划

服务小组	说明：就是服务者。
服务对象	说明：考虑服务对象的真实需求。
服务时间	说明：社会服务活动非一次性活动，要合理安排时间。
服务目标	说明：目标设置既要考虑满足服务对象的需求，也要考虑服务者在服务活动中的习得。
服务内容	说明：就是服务项目。尽量考虑细致，包括采取何种服务方式、提供何种服务劳动等。
小组分工	说明：根据组员的特长和兴趣进行细致分工。
注意事项	说明：就是需要运用的知识技能和前期准备，考虑需要运用哪些所学的知识、需要获得何种支持，以及要准备的物品和材料等。

以"图书馆志愿行"活动为例，为了更好地开展服务，教师是这样引导学生制订服务计划的：首先用名言让学生明确制订服务计划的重要性，然后从服务时间、服务内容、小组分工、注意事项等方面引导学生制订服务计划。教师先问学生什么时间在图书馆提供服务比较合适，引导大家看一份调查数据，启发学生仔细观察，认真思考，说说发现了什么。借助调查统计表格，通过对话，引导学生明确服务对象、服务目标、服务内容、服务方式及开展服务前需做的物品和材料的准备等。接着在讨论交流中让学生明白服务内容要具体，什么时间做哪项志愿服务要写出来，要根据时间的长短来安排复杂程度不同的工作。大课间时间短，可以安排简单的工作；课后延时服务时间较长，可以安排较复杂的工作。还要提醒小组分工时可以结合组员兴趣、爱好及特长等分工到人，不能粗略笼统。服务时间要避免重叠，以免图书馆有

时人手过多，有时人手不足，建议各组在服务前协调清楚，进一步强化学生的规划意识。

在正式开展服务前要根据服务对象的情况、服务岗位的技能要求做好服务技能的学习与培训。培训内容包括三个方面的内容：①服务活动相关的知识与技能；②工具的使用；③安全等注意事项。要创设情境，注意加强知识技能的讲解，讲解要同启发思考、示范、练习等结合起来，在做中学，做中体验，做中领悟，逐步熟练各种技能。

同样以“图书馆志愿行”活动为例，教师在学生制订好服务计划后，为了更好地开展志愿服务，采用多种方式引导学生学习服务技能：首先用一段视频让学生了解图书管理员要做的事情有分类编号、登记录入、整理摆放、破损修补、提示归还、引导解惑等，引导学生观察比较，筛选自己能胜任的工作。简单的事同学们一看就会，那些难做的事同学们一致认为可以通过学习来掌握。接着通过微课讲解、示范演示等方式，设置挑战比拼、现场模拟等活动环节引导学生学习较难的“分类编号”“整理摆放”这两项服务技能。通过图片让学生了解图书馆里还有很多书未能上架，当务之急就是要给这些书分类编号。出示《中国图书馆分类法》，初步学习简单的图书分类。然后用一段微课让学生了解图书馆图书编码规则。接着让学生尝试着给图书编码，感受科学编码的魅力。然后出示借阅后归还的一堆图书图片，用之前学过的方法给图书分类。两名学生现场模拟，其他同学认真观察，评一评他们的表现，在评价中进一步提高学生的服务技能。最后用一段视频规范学生的分类整理方法，同时让学生明白图书整理摆放需要付出更多细心和耐心。

（二）活动实施阶段

此阶段主要任务是学生走进活动现场进行服务行动。开展服务行动是社会服务过程最有生机和活力的环节，主要要做好以下三个方面的工作：①服务前物质方面的准备；②在服务时做好服务活动记录；③既要依之前制订的服务活动计划执行，也要在服务过程中出现状况时，能适时调整和改变服务计划。

在行动阶段，必须要求学生做好服务活动记录。要指导学生如实记录服务活动的情况，收集整理相关制品、作品等，并请老师对自己和同学进行服务见证，提意见。这为后续和他人一起分享行动历程留下资料，更让学生在记录的过程中，进行思维整理和反思，发现信息，整理体验，检讨活动过程中的问题，提出进一步的行动设想，保证行动的连续性和合理性。也让学生在活动中感受志愿服务的艰辛和收获的快乐，增强获得感、成就感、荣誉感和责任担当。

“图书馆志愿行”活动的实施阶段，学生走进活动现场，各小组按照计划分工合作，有序开展校园志愿服务活动，并及时记录服务过程中的发现、遇到的问题及解决的办法、活动的收获与心得等。担任图书管理员的志愿者走进图书馆进行实地管理，其他学生认真观察每位图书管理员的表现，关注和梳理存在的问题，并及时进行实践过程镜头的抓拍与情况记录，以更好地为活动的反思总结做准备。在这一阶段，教师的有效指导更是不可缺少的要素。教师要及时了解学生在服务活动中的情况，有针对性地进行指导、点拨与督促，及时组织灵活多样的交流反馈活动，使他们有足够的空间去实践、体会和感悟。随着服务活动的深入开展，学生会遇到这样那样解决不了的困难而产生消极情绪，教师还要及时给予激励、启迪、点拨、引导。

（三）活动总结阶段

本阶段的主要任务是进行总结交流、评价反思。在学生经历了课前跟岗体验、实地考察与访问、制订计划、亲身体验、整理分析等一系列活动后，学生通过交流汇报，展示完整服务过程，在评价交流中，共享体验所得，提升实践能力。在总结交流中引导学生对下一次服务活动提出意见和建议，增强主动服务的意识，努力成为热爱劳动、勇于担当、乐于奉献的人。此阶段要落实的关键要素是反思评价服务过程与分享活动经验。

1. 反思评价服务过程

活动结束后要及时反思与评价。教师要指导学生在服务活动后，通过撰写反思日记、心得笔记等，反思成败得失，提升个体经验，完善知识建构，并根据同伴及教师提出的反馈意见和建议查缺补漏，深化体验。反思评价的内容通常包括活动过程中的表现、服务态度、服务目标的达成度以及活动收获等。要构建以自己评为主，学生评、老师评、家长评、服务对象评为辅的评价模式，从服务观念、服务能力、服务精神、服务习惯、服务品质等几个维度进行服务活动的综合评定。将反思交流与改进结合起来，使学生在服务劳动中获得成长。

2. 分享活动经验

分享活动经验是社会服务活动过程的一个必要阶段，会激励和鼓舞学生进一步参与社会服务活动，学生也能通过这种分享获得某种间接经验和启发。分享的形式多种多样，可以编制一份报纸或者在校园里开辟展示专栏，展示服务活动参与者的名字和照片以及服务活动的成果，也可以充分尊重学生对某种分享形式的偏好，并根据学生的能力，采取多样化、生动活泼的分享方式。可以通过展览、墙报、刊物、网页等静态的展示方式来交流，也可以采用演讲、辩论、节目表演、口头汇报、模仿等动态方式展示。表现成果的形式很多，有文字类，如体验日记、小报、小论文、小调查、小报告等，有实物类，如图片、音像制品、多媒体制品、网页等。分享的范围，对内向本组本班，对外向家长、全校、社会展示。鼓励学生把自己的感受、发现、成果向家长向社会展示，使大家进一步了解服务活动，支持服务活动。

在“图书馆志愿行”活动进入本阶段时，教师引导学生在服务之后将服务过程以多样的形式整理成成果，在课堂上向他人展示，并在展示中进一步交流所得，反思过程，为今后的服务做好经验的累积。教师引导学生制作精美的 PPT，图文并茂地展示图书馆志愿服务过程，或者将小组成员在图书馆服务的场景用视频的方式记录下来，并剪辑制作成精美的录像作品；指导撰写“我做图书管理员”志愿服务感受日志，与同学分享；鼓励学生结合实际服务情况设计并排练志愿服务剧本，给剧目取个好听的名字，在课堂上表演。

同时，教师还引导学生为自己的表现做评价，也请同学、老师来为自己评一评，填写“活动评价表”。在此过程中，着重强调学生在对自身进行评价时，应该客观、公正，且避免只重结果、不重过程的现象，增强学生以自己的劳动满足他人需要的意识，成为履职尽责、勇于担当的人。

在“图书馆志愿行”活动的最后，教师延伸组织了服务成果分享拓展活动，引导学生联系生活实际并借助美篇、小画报、微信公众号、抖音等新式宣传分享方法，扩大宣传学校志愿服务行动的成果，传扬志愿精神。

附 1：

“图书馆志愿行”主题活动方案

一、主题说明

为了更好地践行党中央五育并举、劳育当强的教育理念，泉州市西隅中心小学一直以来都很注重学生积极向上美好品德的培养，也成立了一支以大队委为主要成员的志愿服务团队，借助志愿活动引导学生用善于发现服务需求的眼睛，用自己的劳动为大家提供切实的服务，让学生根植奉献之心，培养他们的责任与担当意识，在服务他人中，也提升自我。

“图书馆志愿行”是《纲要》的推荐主题“我做校园志愿者”这一大主题下的关于图书管理员岗位的主题活动，选自教科版小学综合实践五年级上册，属于社会服务活动方式。目的是通过设计和开展一次校园志愿服务实践活动，让学生参与体验身边的志愿服务工作，让学生在帮助他人、服务社会的公益活动中，学会志愿服务的基本方法，初步具有志愿者服务意识和能力，具有积极参与学校志愿者服务的意愿，使学生的特长、实践能力、服务精神和社会责任感不断获得发展。

二、活动总目标

1. 通过亲历校园志愿服务活动，增强学生分析问题、解决问题、亲身实践的能力，体验服务他人的充实与愉悦，获得校园小主人的愉悦体验，激发主动服务校园的社会责任感。

2. 通过活动，了解学校图书管理的主要任务，并借助中国图书分类法学习将图书分类编号、归还整理的基本服务技能。

3. 通过活动，养成良好的借阅图书的习惯，懂得珍惜图书，激发课外阅读的兴趣，让图书成为学习上的良师益友。

4. 通过图书管理员的服务体验，了解图书管理员的职责，体会劳动及为他人服务的快乐，增强参加志愿服务的意愿；同时感受图书管理员这一职业的价值和辛苦，提升对职业的尊重，从而促发社会责任感这一核心素养的形成。

5. 通过服务反思，分享经验，促使学生对下一次服务活动提出意见和建议，增强主动服务的意识，提升实践能力，努力成为热爱劳动、勇于担当、乐于奉献的人。

三、开展年级：五年级

四、所需时长：2 课时＋课外

五、整体活动规划

内容及课时建议	活动规划
第一阶段：主题生成，学习技能（课内 1 课时＋课外）	课前让学生走进图书馆，了解书架上的图书，提出自己的疑惑。课堂上，通过图书管理员志愿者招募信引出服务需求，接着观看视频，明确图书管理员的工作内容，进而学习难度较大的图书分类编号的知识以及整理摆放上架的技能。小组合作，实践图书分类的方法，通过模拟和交流评价来反思整理摆放的要点，巩固服务技能。最后，制订服务计划，教师填写服务计划表并进行分析后，布置下一阶段的任务。
第二阶段：走进图书馆，开展志愿服务（课外 1 周）	各小组图书管理员志愿者按照服务计划走进图书馆进行实地管理，其他学生进行观察、记录。认真观察每位图书管理员的表现，关注、梳理存在的问题，并及时抓拍实践场景，为活动的反思总结做准备。
第三阶段：分享交流，反思总结（课内 1 课时）	出示活动照片，回顾服务活动。各小组汇报图书馆志愿行的活动内容，总结反思问题，小组之间进行互动评价。小组间交流活动的体会与感受。播放实地服务视频，对图书管理员的表现进行评价，并从中提炼经验，改进服务。了解美篇、小画报、微信公众号、抖音等新式宣传方法，学习用美篇等方法来宣传本次志愿服务行动，传扬志愿精神。
第四阶段：再次服务，践行精神（课外）	学生经过前面的学习与实践反思，对志愿服务有了更深的了解。各小组根据实际情况，利用课后时间到图书馆开展第二次、第三次以及更多次的志愿服务，践行志愿者的精神。

六、主题作业与拓展学习设计

“图书馆志愿行”主题活动作业设计附后，见第79页。

七、特色学习资源分析、技术手段运用说明

特色学习资源：西隅中心小学成立至今已有一百多年了，少年宫、南音、足球等丰富多彩的特色活动创造了不少志愿者岗位。且学校图书馆在不断发展，图书也在更新，图书种次号编写规则更是自成一体。中图法的分类号编码规则与学校图书种次号编写规则的学习，为本次活动增加了丰富有趣的学习内容。

技术手段运用：活动前，执教者使用EV录屏软件、Adobe Premiere Pro软件、美图秀秀软件制作了《我是志愿者》《校园的一天》《图书管理员的职责》《图书分类编码的规则》《图书整理上架》等小视频和微课在课堂上使用。在活动中，执教者灵活运用希沃软件，引导学生观看图片、视频等资料，深入学习图书分类编码的规则。在小组交流分类编码成果的过程中，执教者巧用希沃课堂实时拍照的功能及时展示学生的编码成果，促进交流的有效开展。在模拟图书整理摆放时，执教者利用希沃课堂直播的功能，将学生现场摆放图书的视频投放在大屏幕上，使学生和观课老师能够直观地看到模拟者的模拟过程，为后续的评价交流做好准备，学生的兴趣也更加浓厚。

八、各阶段活动内容及教学设计

第一阶段：生成主题、学习技能与制订计划

内容分析：本阶段是“图书馆志愿行”活动的第一课时。在学校图书馆搬迁需要高年级学生提供援助之际，以“争当图书管理员”为切入点，引导学生实际观察、调查需求、学习技能，培养学生善于观察生活、发现问题并主动解决问题。在模拟体验图书管理员的过程中，提升学生志愿服务的技能，让学生感受志愿服务带来的乐趣，从而促发学生生成学校主人翁意识，促进其社会责任感这一核心素养的形成。

学情分析：五年级孩子活泼好动，热情向上。他们对美好事物有自己的

判断，有一颗热忱的心，愿意为他人、为校园、为社会尽一份力，但大部分孩子服务能力较弱。因而开展培养学生服务他人、帮助弱小的活动就显得意义非凡了。

活动目标：

1. 通过活动，了解图书管理的主要任务，并借助学习中图分类法，学习图书分类编号的基本服务技能。

2. 通过模拟体验活动，学习图书摆放的方法，并在模拟体验中感受为他人服务的乐趣。

3. 通过小组共同制订服务计划，提升规划能力和组织管理能力，增强合作意识。

4. 通过亲身参与活动，激发知志愿、爱服务的意识，并在当图书管理员的活动中，提升为学校服务的情感，从而促进社会责任感这一核心素养的形成。

活动重点：运用多样的方式和方法引导学生制订志愿者服务计划，学会图书管理员的业务技能，做好志愿者工作。

课前准备：课件，小书架，制作《图书管理员的职责》《图书分类编码的规则》《图书整理上架》等小视频和微课。

所需课时：课内1课时＋课外。

活动简要流程：

关键要素	环节	课堂主要活动	教师指导重点
明确服务对象与需求	创设情境，生成主题	1. 观看志愿者服务的图片，了解志愿者精神。 2. 阅读“图书馆志愿者招募信”，明确志愿服务需求。	产生需求的指导： 1. 借助志愿服务图片，调动学生已有的生活经验，认识志愿服务标志。 2. 借用招募信明确服务需求。
	观看视频，明确任务	观看视频，结合课前的调查，梳理图书管理员的职责。	明确管理员职责的指导： 借助视频，师生共同梳理图书管理员的基本工作任务。

续表

关键要素	环节	课堂主要活动	教师指导重点
学习服务技能	认识分类，学习编码	1. 学习图书分类规则。了解图书的基本类号，并进行实践体验。 2. 学习编码知识。观看微课和资料卡，认识编码方法。	现场体验指导要点： 1. 分类编号的指导。结合五年级学生的特点，引导采用规范的中图法分类，明确不同类别书籍所属的不同代码。 2. 整理摆放的指导。 ①按类别、按分类号和种次号的编号顺序排列。 ②再次核对、扶正图书，推荐书立。引导学生关注模拟的细节。
	任务驱动，现场体验	1. 动手体验分类编码。小组合作编码，交流讨论正确与否，并进行修正。 2. 模拟体验整理摆放。现场模拟并交流评价，明确正确整理摆放方法。	
设计服务方案	群策群力，设计方案	1. 小组设计服务方案。讨论对哪些服务项目感兴趣。 2. 合作填写“学校图书管理员志愿服务方案”。	设计服务方案的指导： 主要针对服务时间、人员分工等方面引导学生合理安排，并参照组员的兴趣和特长进行分工。注意写清要准备的物品和材料。
	汇报交流，完善方案	进行小组汇报，其他小组提出意见和建议。交流后完善服务方案。	汇报交流的指导： 引导学生既关注方案的优点，也关注方案的不足之处，并提出可行性的建议。
反思交流与总结提升	交流感受，总结收获	畅谈活动的感受和收获。	交流感受的指导： 及时肯定学生的收获，并引导学生反思不足，寻找解决方法。

板书设计：

我做图书管理员

服务岗位	技能要求
分类编号	
登记录入	准确
整理摆放	细心
破损修补	美观
提示归还	及时
引导解惑	礼貌
失物招领	

第二阶段：走进图书馆，开展志愿服务

图书管理员志愿者按照设计好的方案走进图书馆进行实地管理，其他学生认真观察并记录每位图书管理员的表现，关注梳理存在的问题，并及时进行实践过程的抓拍，以更好地为活动的反思总结做准备。

第三阶段：分享交流，反思总结

内容分析：本节课是“图书馆志愿行”活动的总结交流、评价反思阶段，在学生经历了课前实地考察、学习服务技能、设计服务方案、亲身体验、整理分析等一系列活动后，采用模拟体验、语言介绍、图片展示、视频分享等方式进行汇报交流，旨在通过交流分享，引导学生深入了解校园服务岗位的服务过程，在交流分享中共享实践所得，促进学生了解各服务岗位的职责，借助分享体验感悟，促成学生情感的升华，感受志愿服务的无私奉献精神。

学情分析：各小组在前两个阶段设计好服务方案、夯实服务技能的基础上，按服务计划，有序开展志愿服务活动，同时记录下服务过程中的发现、遇到的问题、活动的收获与心得等。学生在经历之前的活动之后，对于活动汇报的经验更丰富了，各组已能熟练自主地对各自活动的过程性材料进行筛选，选择新颖的汇报形式进行汇报，特别是模拟演示、情景再现的形式已手到擒来。为了增加难度，特要求学生除了在课堂上反思交流外，还要向全校

师生及社会做出宣传。

活动目标：

1. 通过情景模拟、交流互动，展示与分享对不同服务岗位的体验感受与收获，对校园志愿者形成较全面的认识。

2. 通过展示交流活动，提高表达与倾听能力、团队合作能力，并能结合自己的体验与感受，恰当地评价他人与自我的表现，促进反思能力的提升。提升信息整理与沟通表达能力，增强合作意识。

3. 通过展示交流活动，深入了解图书管理员的职责，体会劳动及为他人服务的快乐，增强参加志愿服务的意愿；感受图书管理员这一职业的价值和辛苦，提升对职业的尊重，促进社会责任感的形成。

4. 了解新式宣传手段，至少学会用一种宣传手段宣传自己的志愿服务活动。

活动重点：学习利用美篇等软件宣传学校志愿服务行动，传扬志愿精神。

课前准备：美篇制作步骤小视频，PPT

所需课时：课内 1 课时＋课外

活动简要流程：

关键要素	环节	课堂主要活动	教师指导重点
课前开展服务行动	走进图书馆，开展志愿行动	学生利用课后时间走进学校的图书馆，以图书管理员的身份开展志愿服务行动。	课前活动的指导： 提醒学生在服务的过程中及时记录服务情况，关注遇到的问题，总结原因，为下一次服务积累经验。
反思服务经历，传扬志愿精神	总结经验，交流成果	1. 整理成果，展示交流。将服务成果进行有序整理，以各种形式向他人展示。 2. 反思经历，累积经验。各组在展示中交流所得，反思经历，做好经验的累积。	制作成果的指导： 引导学生运用 PPT、录像、志愿服务感受日志等方式，与同学分享服务成果。还可以鼓励学生结合实际服务情况设计并排练志愿服务剧目，可以给剧目取个好听的名字。

续表

关键要素	环节	课堂主要活动	教师指导重点
	广泛宣传，增强影响	1. 了解新式宣传方法：美篇、小画报、微信公众号、抖音等。 2. 学习美篇的制作方法。 ①观察实例，了解美篇的基本功能和特点。 ②梳理美篇制作步骤。 ③配文配音，表达感悟，传扬志愿精神。 ④现场尝试制作。 ⑤分享交流。	美篇制作的指导： 1. 引导学生观察实例，了解美篇的基本功能和特点。 2. 利用微课小视频引导学生梳理美篇制作步骤。 3. 指导学生结合语文写作技巧，拟出引人注目的标题，撰写真挚的图片配文或为小视频配音的脚本，传扬志愿精神。 4. 指导学生用欣赏的眼光从排版、内容、情感表达等方面评价同学的作品。
	反思经历，多元评价	1. 自我评价。 2. 请同学、老师来为自己评一评。填写“活动评价表”。	反思评价的指导： 引导学生评价时应该客观、公正，且避免只重结果、不重过程的现象，增强学生以自己的劳动满足他人需要的意识，成为履职尽责、勇于担当的人。

板书设计：

图书馆志愿行

服务岗位	宣传（美篇的制作）	收获感悟
分类编号	拍摄图片或小视频	
登记录入	撰写脚本	
整理摆放	下载软件（APP）	履职尽责
破损修补		

附 2:

"图书馆志愿行"主题活动作业设计

一、作业设计思路

"图书馆志愿行"主题实践活动属于社会服务这一活动方式。作业设计的具体内容分为"准备阶段""实施阶段"和"总结与交流阶段",三个阶段具有连续性和承接性。

活动中,学生通过参观、考察学校的图书馆获得对图书馆和图书管理员的初步认识,且顺其自然调查图书馆的服务需求,为活动的开展做足准备。当然,服务技能的学习在这一活动中至关重要。学生通过采访图书管理员明确各项服务任务,在课堂上整理思路,学习图书分类、编码、整理、上架等技能,在交流、合作与模拟中习得服务经验。最后,共同制订详尽具体的小组服务计划,利用课后时间学习更多的图书管理员服务技能,并开展服务行动,反思服务经历,经多方面的客观评价后总结经验,再次服务。

二、作业特点

整个主题活动的作业设计丰富翔实,形式多样,既有个人活动,也不乏小组合作,新旧知识相互融合,层层铺展,循序渐进,"小贴士"的设计能启发和引导学生发散思维,更好地完成作业。在这一系列连续性的作业活动中,学生的各项能力将得到可见的提升。

三、作业对象

五年级学生。

四、具体作业设计

腹有诗书气自华,最是书香能致远。同学们,学校的图书馆藏有图书千卷,同学们纷纷前往借阅。最近,图书馆老师发来了志愿者招募信,以应对每日借阅热情高涨的读者们。只要你拥有一定的图书管理技能,就可以加入图书管理员的行列。现在，就让我们一起来一场校园图书馆的志愿服务吧！

（一）准备阶段

作业一：参观图书馆，体验借还书（原创）

同学们，请你们前往学校的图书馆参观，体验借书和还书的过程，实地考察了解一番。在体验的过程中要有所思考，以下问题供大家参考，还可以拓展更多的问题哦！

图书馆考察问题清单

考察地点	学校图书馆	考察时间	周一至周五课余时间
问题 1	图书馆里的书在外观上和其他地方的书有什么不同？		
问题 2	图书馆里有哪些设备和工具？它们的作用分别是什么？		
问题 3	图书管理员要做哪些事？他们是怎么做的？		
问题 4	你在借还书的时候遇到了什么问题？		
问题 5	图书馆当前有什么问题？有什么服务需求？		
问题 6	……		

【设计意图】学生带着问题参观图书馆，建立了对图书馆的初步认识，积累一定的概念信息。在参观的过程中能动态生成有价值的问题，增强学生参与活动的积极性。

作业二：化身记者，调查需求（原创）

你们发现了吗？有的问题我们可以通过观察和实践获得答案，但是有的问题需要通过采访相关人员才能得到解答。那就让我们化身为小记者，行动起来吧！

图书管理员采访记录表

采访人员			
采访地点		采访时间	
被采访者		身份（职责）	

续表

<table>
<tr><td>采访提纲</td><td colspan="2"></td></tr>
<tr><td rowspan="4">人员分工</td><td>任务</td><td>负责人</td></tr>
<tr><td></td><td></td></tr>
<tr><td></td><td></td></tr>
<tr><td></td><td></td></tr>
<tr><td>准备工具</td><td colspan="2"></td></tr>
<tr><td>采访收获</td><td colspan="2"></td></tr>
</table>

小贴士

关于采访，你有这些问题需要考虑：

1. 采访对象可以是图书馆老师、图书管理员，也可以是借阅者。

2. 现场采访时要选择采访对象方便的时候进行，必要时应提前预约。

3. 采访提纲的拟定应条理清晰。如采访图书管理员时可以这样询问：“请问您在图书馆中的管理职责是什么？能说一说具体是怎么工作的吗？”

4. 人员分工应明确，采访前可以先模拟。

5. 采访时要注意文明礼仪，为了不干扰图书馆的安静环境，请提前选择合适的地点。

6. 注意及时记录收获，如果用笔记录来不及，可以用录音的方式。

【设计意图】五年级学生对访谈这一研究方法已有了一定的了解，这份采访记录表能有效地巩固学习过的研究方法，且学生通过采访相关人员了解图书馆的服务需求，有利于激发学生的服务意识。

作业三：小组交流，整理思维

（改编自教科版《综合实践活动五年级上册》第 79 页的整理记录单）

同学们，要想做好志愿服务，一定要做好充足的调查准备。通过课前的活动，你一定对图书馆和图书管理员的工作有了不少了解。请各小组交流讨论，将课前活动的结果整理到下面的思维导图中，还可以根据需要补充思维导图的“枝干”。

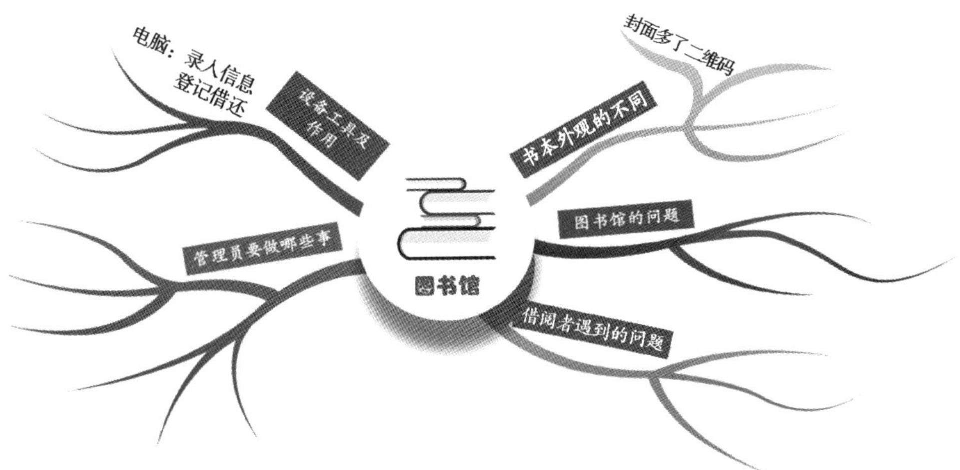

【设计意图】通过填写思维导图引导学生交流参观图书馆搜集到的各类信息，并归类整理出来，让学生对可利用的资源和信息进行评估，增强后续活动的可行性和计划性。

（二）实施阶段

作业一：认识图书分类法，学习分类（原创）

同学们，图书馆里的书是根据《中国图书分类法》进行分类编码的。作为管理员志愿者，我们要在读者借阅的时候进行正确的引导，因此，学会分类非常重要哦！现在，请你根据《中国图书分类法简表（第五版）》，为下面表格中的图书找个“家”吧！

中国图书分类法简表

A. 马克思列宁主义、毛泽东思想、邓小平理论	N. 自然科学总论
B. 哲学	O. 数理科学和化学
C. 社会科学总论	P. 天文学、地球科学
D. 政治、法律	Q. 生物科学
E. 军事	R. 医学、卫生
F. 经济	S. 农业科学
G. 文化、科学、教育、体育	T. 工业技术
H. 语言、文字	U. 交通运输
I. 文学	V. 航空、航天
J. 艺术	X. 环境科学、安全科学
K. 历史 、地理	Z. 综合性图书

图书分类任务表

书名	所属类别
《西游记》	
《十万个为什么》	
《现代汉语词典》	
《小学生优秀作文》	
《探索世界地理》	

同学们，《十万个为什么》这本书涉及了动物、植物、科技、天文、地理等多方面的内容，应该属于哪一类呢？

【设计意图】学生学习图书分类知识，拓展对图书管理的认知，能有效地提高图书的归类和整理能力，促进服务技能的提升。

作业二：认识编码，归类整理（原创）

当读者将图书归还后，我们还需要将杂乱堆放的图书归类摆放到书架上。

你认识书脊标签上编码的意义吗？请你认真阅读小资料，学习如何给书籍归类上架，并在小书架上进行模拟。模拟结束后，小组成员记得互相评价，填写活动记录表哦！

图书编码排架小知识

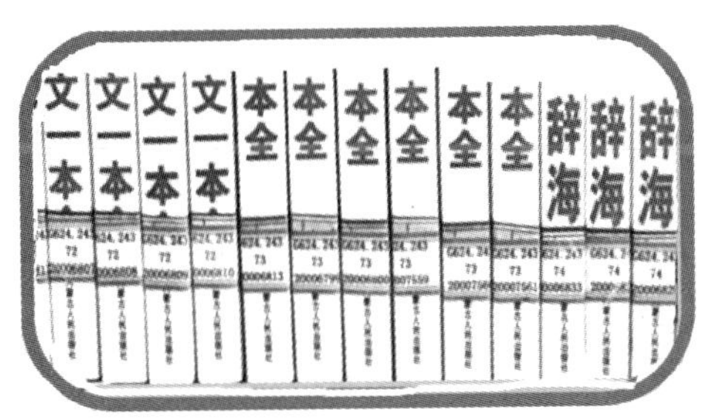

图书馆里的每本书都贴有索书号，以方便图书的借阅和管理。索书号由两部分组成：第一部分为分类号；第二部分为种次号。

如右图：G624.243 为“分类号”，字母是基本种类号，数字是该种类细分后的小类代码。下面的数字则代表书的种次号，是以每种书为单位，按同类书分编的先后顺序排列编号的。如“72”表示这本书排列在 G624.243 这一种类下的第 72 位。一般图书排架的方法：先排分类号，依分类代码 A～Z 顺序排列；分类代码相同的图书，比对数字部分排列，采取逐位对比的原则。数值大的排在数值小的后面；第一位数字相同时，比较第二位；第二位相同时，比较第三位，依次类推。种次号则按照整个数字的大小进行排列。

小贴士

整理上架小妙招

图书分类第一步，按照顺序来叠放。
找到书架不着急，仔细寻找排架位。
插入书本再核对，书立帮忙不倾倒。

图书上架模拟记录表

模拟时出现的问题	
我们的解决方法	
感受或收获	

【设计意图】为图书分类编码是每一位图书管理员必须掌握的一项重要服务技能。利用资料卡和小贴士的方式向学生展示图书编码和排架知识，使学生初步习得图书管理技能。而创设图书上架的模拟情境，为学生提供了练习的机会，让学生体验多样的活动方式，促进学生积极参与服务活动。

作业三：群策群力，制订方案

（改编自教科版《综合实践活动五年级上册》第 80 页的志愿服务方案）

万事俱备只欠东风，出发之前我们还要制订一份详细的服务方案，才能帮助我们更好地开展服务。请你与小组成员共同商议，确定并填写以下服务方案。

小贴士

1. 服务时间要根据学校图书馆开放的时间来确定。
2. 小组分工可以根据同学们的兴趣和特长来安排。
3. 要准备的物品和材料写在注意事项里。

学校图书管理员志愿服务方案

<table>
<tr><td>服务小组</td><td></td><td>服务对象</td><td></td></tr>
<tr><td>服务需求</td><td></td><td>服务时间</td><td></td></tr>
<tr><td>服务地点</td><td colspan="3">学校图书馆、图书角。</td></tr>
<tr><td>服务准备</td><td colspan="3"></td></tr>
<tr><td colspan="2">服务内容</td><td colspan="2">成员分工</td></tr>
<tr><td colspan="2">给图书分类编码，制作图书标签。</td><td colspan="2"></td></tr>
<tr><td colspan="2">录入新书信息。</td><td colspan="2"></td></tr>
<tr><td colspan="2">图书整理上架。</td><td colspan="2"></td></tr>
<tr><td colspan="2"></td><td colspan="2"></td></tr>
<tr><td colspan="2"></td><td colspan="2"></td></tr>
<tr><td>注意事项</td><td colspan="3"></td></tr>
</table>

【设计意图】本服务方案安排在技能学习之后再填写，是为了让学生有据可依，有思路可遵循，避免无处下手或泛泛而谈。服务方案为学生提供了几项服务内容，使学生在讨论时更有目的性，同时也促使学生在实施阶段更好地开展服务。

作业四：请教管理员，学习服务技能

（改编自教科版《综合实践活动五年级上册》第 81 页图书管理员培训记录单）

同学们，学会图书的排列规则能为我们的志愿服务提供很大的帮助。不过，图书管理员还有其他职责呢！请你们以小组为单位，再次前往学校图书馆，向图书管理员学习更多的技能。大家记得要带好笔、本子等，边学习边记录。

图书管理员服务技能学习单

<table>
<tr><td>小组成员</td><td colspan="3"></td></tr>
<tr><td>学习时间</td><td></td><td>学习地点</td><td></td></tr>
<tr><td>学习方法
（可多选）</td><td colspan="3">□观察法 □访谈法 □问卷调查法
□上网查资料法 □亲身体验法 □其他</td></tr>
<tr><td>准备工具</td><td colspan="3"></td></tr>
<tr><td colspan="4">具体工作技能</td></tr>
<tr><td>工作内容</td><td colspan="2">工作方法</td><td>注意事项</td></tr>
<tr><td>粘贴图书标签</td><td colspan="2"></td><td></td></tr>
<tr><td>录入新书信息</td><td colspan="2"></td><td></td></tr>
<tr><td>登记借还图书</td><td colspan="2"></td><td></td></tr>
<tr><td>修补破损图书</td><td colspan="2"></td><td></td></tr>
<tr><td></td><td colspan="2"></td><td></td></tr>
<tr><td></td><td colspan="2"></td><td></td></tr>
</table>

【设计意图】服务技能的学习除了在课堂上，还可以在课后进行。学生通过观察、访谈、体验等适合自己的方法展开深入学习，加强了对活动方式与方法的实践，使其各方面的能力得到进一步发展。

作业五：走进校园图书馆，开展志愿者行动

（改编自教科版《综合实践活动五年级上册》第82页服务过程记录单）

接下来，请同学们带着图书管理员服务管理技能走进学校图书馆，开展志愿服务。在服务的过程中，别忘了记录收获的经验并与同学分享，还要搜集遇到的问题，总结原因，为下一次的服务提供更好的经验。

图书管理员志愿服务活动记录单

服务过程记录	
收获的经验	
我遇到的问题	
我的解决方法	

【设计意图】有效的服务活动记录能为反思服务经历提供帮助，促进下一次服务活动的进步。学生在开展志愿服务中发现和解决问题，体验和感受知识与实践之间的联系，培养运用知识分析和解决问题的能力。

（三）总结与交流阶段

作业一：总结服务经验，交流活动成果（原创）

经过这段时间的活动，同学们俨然是个小小的图书管理员了。在图书馆服务期间，你们总结了哪些服务经验呢？请你们将这次的活动成果制作出来，勇敢地向大家展示吧！

成果展示方式（选做）——

1. 制作精美的PPT，图文并茂地展示图书馆志愿服务过程。

2. 将小组成员在图书馆服务的场景用视频记录下来，并剪辑制作成精美的视频作品。

3. 撰写“我做图书管理员”志愿服务感受日志，与同学分享。

4. 结合实际服务情况设计并排练志愿服务剧目，可以给剧目取个好听的名字。

……

“图书馆志愿行”志愿服务感受日志

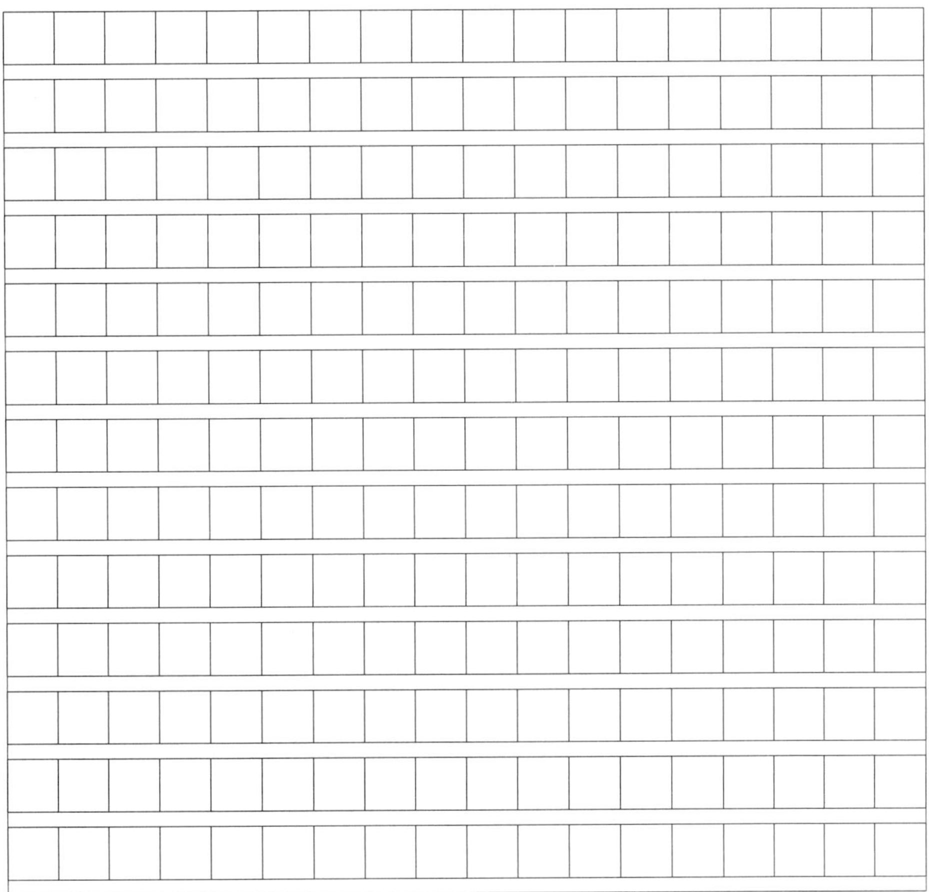

【设计意图】引导学生选择合适的方式呈现结果，鼓励用多种形式呈现与交流，学生在反思中体会服务工作的成败得失，提升了服务的个体经验，也促进了图书管理知识的构建，深化了服务体验，有利于形成正确的服务价值体认。

作业二：反思经历，多元评价（原创）

图书馆志愿服务结束后，请你为自己的表现做个评价，也请同学、老师来为你评一评吧！

“图书馆志愿行”活动评价表

评价内容	自评	小组评	老师评	服务对象评
能主动参与各项活动，积极发表自己的想法，并尊重他人的想法。				
与同伴友好合作，互帮互助，遇到问题不推脱，积极想办法解决。				
调查与访问期间态度认真负责，有独立思考和分析的能力。				
能虚心专注地学习图书管理服务技能，并记录学习经验。				
有良好的反思能力，并且乐于和同伴分享自己的经验，改进服务。				
能在活动中感受图书管理员志愿服务的辛苦，懂得珍惜图书，尊重志愿者的劳动，提升志愿服务的奉献精神。				
评价标准：“很好”三颗星，“好”两颗星，“一般”一颗星。				

【设计意图】本评价设计坚持评价的方向性、指导性、客观性和公正性等原则，避免了只重结果、不重过程的现象，挖掘学生在整个活动过程中的闪光点，增强学生以自己的劳动满足他人需要的意识，成为履职尽责、勇于担当的人。

作业三：制作美篇，宣传奉献（原创）

同学们，志愿者服务是神圣而有意义的活动，我们可以用美篇的方式宣传志愿者的奉献精神，让更多人加入到志愿者行列中。梳理完美篇的制作步骤，接下来，请你们与小组成员共同撰写美篇的文字脚本，与志愿服务中留下的影像共同形成独一无二的成果吧！

照片一脚本	
照片二脚本	
照片三脚本	

续表

照片四脚本	
……	
视频配音脚本	

小贴士

1. 照片脚本可以简单描述时间、地点、人物、事件，也可以分享照片背后的小故事、志愿服务时的心情或感受等。

2. 视频配音脚本的撰写应贴合视频展示的内容，或描述视频中的场景，或表达自己的感受。要注意文字与前后影像内容的衔接哦！

作业四：总结经验，再次服务

（改编自教科版《综合实践活动五年级上册》第 83 页内容）

同学们，分享交流之后，你一定总结出了更好的服务经验。你觉得在服务内容或者服务方式等方面应该作出哪些改进呢？请你重新回到志愿服务的岗位上，相信这一次的服务一定会有很大的进步。别忘了随时记录下自己的发现和感受哦！

我的发现	
我的感受	

【设计意图】再次服务是在反思经验的基础上进行的。学生在分享和反思经历后，自身的服务经验有了进一步的积累，在此基础上再次服务，将使学生的服务技能有很大的提升，同时也培养学生不怕困难、积极奉献的责任担当。

第三节　设计制作的实施

设计制作活动方式是当前科学与技术迅猛发展的教育回应，也是体现综合实践活动课程与生产劳动、社会实践相结合的教育方针，落实立德树人根本任务的重要途径。虽然《义务教育课程方案（2022 年版）》将劳动和信息科技的相关内容从综合实践活动课程中剥离出去，但设计制作仍然是综合实践活动一种不可或缺的活动方式。

一、设计制作的概念界定

设计制作是指学生运用各种工具、工艺（包括信息技术）进行设计，并动手操作，将自己的创意、方案付诸现实，转化为物品或作品的过程。设计制作在尊重学生主体性的基础上，强调发挥学生的想象力、创造力，是培养学生实践、动手能力的重要学习活动。

二、设计制作的设计与实施

《纲要》指出，不论什么类型的设计制作，其活动关键要素都应包括：创意设计，选择活动材料或工具，动手制作，交流展示物品或作品，反思与改进。根据“设计本位学习”理论并结合上述五种活动关键要素，设计制作活动的实施落实在三个阶段中。

（一）活动准备阶段

这一阶段的主要任务是进行活动主题的选择与活动启动。教师应根据学生的实际情况，创设活动情境，激发学生参与活动的兴趣与热情，帮助学生选择、确定主题。主题确定之后，教师应通过视频、图片、微课等各种合适的方式，帮助学生了解所选主题，适当为学生补充主题背景知识、科学概念、操作技能等相关内容，为学生提供良好的思路，使学生对活动主题有较全面的认识。同时，指导学生制订活动方案，包括明确活动目标、确定需要设计制作的物品、选择什么材料和工具、如何分工、应该注意的事项等，为活动开展做好前期准备工作。

以“制作毕业纪念册”活动为例。这个活动是以提高学生技术素养、学会动手动脑、以设计和操作为主要特征的设计制作课。上课伊始，教师通过猜照片人物、看活动回放等活动，创设依恋母校的情境，让学生初步感受成长带来的惊喜，唤起潜藏在内心深处的朴素情感：同班六年，我们拥有很多共同的美好回忆，可是，很快就要毕业了，即将和这些美好的人、事告别了，心里是什么滋味？让小学的点滴故事自然涌上心头，使学生的情感得以激发，顺势给出活动主题：亲手制作一本纪念册。

（二）活动实施阶段

这一阶段是学生自主完成活动各项任务的阶段。首先，在课上指导学生完成活动方案，将方案内容表述出来。然后，布置学生根据方案在课后搜集素材。接着，学生需要按照自己设计的方案，通过实验等方法选择合适的活动材料和工具，在动手制作中尝试运用并掌握技能。最后，进行交流展示。本阶段主要体现四个关键要素。

1. 创意设计

学生在开展设计制作活动时，首先要进行创意设计，然后根据自己的创意制作出作品来，此环节强调有创意的思想。在此过程中，学生要明晰自己的设计要解决什么实际问题，也要充分考虑设计落实的限制条件，如工具、材料和技术条件的限制等。通过小组讨论交流，确定素材、工具和材料，明确分工。在这一环节，学生需搜集相关信息、大胆猜想，进而构思方案，最后在团队协作中完成设计的表述和方案的筛选与改进，最终确定具有创意的设计方案。

在“制作毕业纪念册”主题活动的此阶段，教师首先帮助学生调动生活经历，了解毕业纪念册有电子版和纸质版两种。接着利用毕业纪念册的样例图片和纪念册视频，指导学生自主观察、小组讨论，帮助学生认识毕业纪念册的组成部分。然后从学情出发，重点指导封面、目录、正文、封底应包含的主要内容和设计元素，鼓励学生自主构思、交流探究出各个结构的特点及配文风格，设计制作出专属自己的毕业纪念册。接着指导学生通过充分的交流，梳理出纪念册的图文结合、主题突出、色彩亮丽、板块清晰等设计要点。在这阶段的教学中，教师利用图片、视频等多种方法引导学生了解毕业纪念册的结构，在一次次师生对话和视频资源中梳理活动难点——内容素材和编排方式的选择与纪念册的特点，从而更好地为下一个环节（设计方案）提供思路。在小组合作完成设计方案的过程中，教师引导学生了解方案框架，并进行合理的分工。合作设计时学生参与度极高，气氛活跃，热情高涨，能集思广益，发挥出自己的创造力和想象力。最后交流评价时，教师引导学生根据纪念册的特点进行评价，在各小组的互相交流、点评之后修改完善设计方案。

2. 选择活动材料或工具

材料与工具的选择不仅是设计制作的基础，也是实现学生创新的重要保证。不仅能使学生在调查、比较、试验等活动中认识各种工具、材料的性能、特征、用途，体会工具、材料对于设计的意义，还能创造性地选用一些新材料与废旧材料等，这样既能培养学生针对不同材料进行制作加工的技艺、提高工具使用的技能，又能为进一步的制作做好准备。

“制作毕业纪念册”主题活动在落实这一关键要素时，教师通过引导学生观察、思考、猜测，让学生从简单到复杂，明确制作纸质毕业纪念册时，可以用画、粘、剪等方法来制作，又通过观察、思考、猜测、动手实践，了解不同黏合剂的使用方法，并自由选择材料和工具进行尝试，让学生在尝试中发现问题。为了发挥学生主体性，对于选择制作电子纪念册的学生，教师引导学生根据生活经验和已有知识选择合适的制作软件进行制作。

因为创造没有捷径，有的学生面对巨大的挑战会出现无所适从、感到挫败等情绪，面对不能正确应对的学生，教师就要鼓励学生，引导他们在模仿中学习与迁移。通过图片比较、动手实践等方法，让学生能选择合适的材料和工具，改进方法。

3. 动手制作

动手制作是实践设计方案、创意物化的重要阶段，学生需要进行现场工作，进行一系列动手操作——将创意物化为人工制品。

在此阶段，教师应引导学生根据动手制作“四部曲”强化操作技术：课前尝试制作，通过搜集项目制作的信息，尝试制作，初步学习制作的方法；课始信息分享，通过学生分享相关制作信息和尝试制作中遇到的问题，提炼制作和解决疑难问题的方法；课中动手操作，以小组合作的形式将创意构思物化成作品，实现技术的锤炼和匠心精神的培养；课后测试优化，通过评估、测试对作品出现的问题进行调整，不断优化作品。

“制作毕业纪念册”主题活动在实施此关键要素时，承接第一阶段主题生成和方案设计的活动，指导学生开始动手制作。在指导制作纸质纪念册时，教师首先通过对话引导学生思考课前搜集资料和素材时遇到的问题，说说是如何调整设计方案的，启发学生明确调整后的方案是否符合毕业纪念册的设计要点。接下来为了引导学生探究装饰方法，选择合适的粘贴材料，让学生观察几幅纪念册图样，思考在制作时可以用哪些方法来装饰；通过对话引导学生猜测，运用实验探究、验证猜想等方法指导学生选择合适的材料。在正式装饰时，启发学生注意分工。在合作装订环节，教师引导学生观看视频，了解书籍装订的奥妙，感受前人令人叹为观止的工艺智慧。再通过观察图片，启发学生思考不同装订方式的特点，确定适合装订纪念册的方法。接着通过微课视频引导学生关注和学习线装式和活页钉装式两种装订方法。又通过示范演示与动手尝试，学习打孔机的正确使用方法。方法学会后，以任务驱动小组合作装订，并引导学生发现问题并解决问题。

而在指导学生制作电子纪念册时，教师引导学生联系实际分工选择统一模板，明确各栏目所使用的模板页，学习技能，应用模板高效制作纪念册。为了让学生能在较短的时间内制作出精彩的作品，鼓励各组进行独特的设计与制作，大胆运用各学科知识，将作品制作得好上加好。从创意构思到运用技术手段，教师引导学生能在模仿的基础上加以改进，从而能持之以恒地完成任务。

4. 交流展示物品或作品

交流是思维的碰撞，展示是能力的表现。教师应为学生搭好成果展示台、答辩互动台，使学生分享成果和喜悦，实现成果辐射，携手共同成长。展示可以是静态的，如作品说明、作品实物等，也可以是动态的，如现场制作、作品试用等；既可以在班级内展示，也可以在年级、学校、社区对外展示，推广学生的优秀成果，实现成果辐射。而在展示时很重要的一点就在于引导学生对设计制作的经验和教训进行进一步梳理和总结，此时，可以采用互动答辩的形式进行汇报，并虚心倾听他人的质疑或建议，以提升学生的技术意识、工程思维、动手操作能力等。

“制作毕业纪念册”主题活动在制作结束后，教师请完成的小组派一位代表来展示他们的作品。活动评价过程中，教师采用多元动态评价方式，着眼于学生差异与思维流向，如：同伴们是怎样想的？怎样做的？为什么这样做？

是否为小组作出贡献？制作的过程中是否遇到什么困难？是如何解决的？其他同学有什么看法和建议？能否将同学讨论与教师点拨有机结合？面对新问题、新想法是如何决策的？从而运用同伴之间交流、见解交互的方法，让学生独特的见解得以潜移默化地影响学生的知识建构，形成激励学生学习与发展的场域。学生在交流展示中，在与他人的交流及对他人作品的欣赏中思考自己的设计方案的合理性，分析作品存在的局限与不足。这也是学生对活动全过程及活动成果的再审视，为后面的反思与改进打好基础。

（三）活动总结阶段

此阶段既是活动的最后阶段，也是活动的新起点，主要落实最后一个关键要素——反思与改进。改进是建立在学生对设计方案、作品乃至活动全过程做出反思的基础之上，在改进完善中追寻更优方案，并将新方案再实施，以便获得更优成果的过程。这一阶段，既是学生思想的提升，也是学生新知识内化的过程。教师要帮助学生触发新的兴趣点，顺利过渡进入下一个新主题的探究。

在“制作毕业纪念册”主题活动中，在学生经历了设计制作的一般流程后，教师让已经完成作品的小组分享成功的经验，并请学生反思一下，这次活动有什么感受和收获，制作过程中遇到什么困难和问题，是怎么解决这个困难和问题的。最后，可以激励学生动笔写一写，记录自己的所思所得，还可以借助评价表请好伙伴、爸爸妈妈、老师评一评，以更好地了解自己的收获。

设计活动对经历长时间学科知识学习而身心疲惫的学生有很好的调节作用，对于缺乏外出活动的学生，也是最合适的实践活动方式。学生在这堂实践课中，自主意识和动手能力得到提高，沟通与合作能力、创造性思维能力、艺术欣赏能力和实际运用能力也得到了有效培养。一节课下来，同学们对于作品的制作过程、工具或材料的选择、方法的使用和体现的创意总会津津乐道。他们对作品看了又看，爱不释手。可以说每件作品都牵动学生的心，那种成功感，不亚于放了一颗卫星。

附 1：

“制作毕业纪念册”主题活动方案

一、主题说明

又是一年毕业季，在校学习了六年的学生即将离开小学开始新的学习生活。六年来学生从天真烂漫的儿童成长为身心健康的少年，中间发生过多少令人激动、喜悦、忧愁和伤心的事。开展一次有意义的活动，把师生情、同学情以及对母校的感激之情表达出来，并且永久珍藏，成为美好的回忆，是师生共同的情感需求，也是提高学生动手能力的良好契机。

设计与制作毕业纪念册是一项融合了语文和信息技术知识的综合实践主题活动。结合教科版《综合实践活动五年级下册》第五单元“读书多么好”这一大主题下的小主题“制作一本书”和统编版《语文六年级下册》第六单元综合性学习活动“如何制作成长纪念册”开展。本次活动为设计制作类活动，涉及美术、语文、劳动、信息技术等学科，契合当下的教育主题，主要以学生的亲身参与、手脑并用为主要特征；通过观察、讨论、探究和小组合作动手实践等方式，初步掌握纪念册这类作品的设计、装饰和装订方法，学会使用打孔机等工具，并将创意物化。在这一过程中，学生将经历方案设计、作品制作的过程，体验技术创新、动手实践的愉悦感和成就感，锻炼他们的沟通与合作能力，培养他们的创造性思维能力、艺术欣赏能力和实际动手能力。同时，在活动中引导学生体悟书册的装帧艺术，感受工匠精神，在情感态度上懂得珍惜友谊、感恩母校，鼓励他们在即将毕业之际互相激励，更好地前进。

二、活动目标

1. 通过观察、讨论，获得毕业纪念册的相关知识，在探究和设计的过程中能够发散思维、乐于创新，进而提升自主学习能力。

2. 通过小组合作动手实践，初步掌握纪念册等此类书册的设计与制作的基本技能，激发学生将自己的创意和方案付诸现实、转化为实物作品的愿望，提高动手和审美能力，培养团队合作精神。

3. 学会书册装订的方法，掌握装订技能，提升技术操作水平，手脑并用，获得劳动创造美的成就感，树立工程思维，体验工匠精神。

4. 在设计与制作中培养学生的感恩之心，提升学生的道德修养。在交流与反思中培养学生发现问题和解决问题的能力。

三、开展年级：六年级

四、所需时长：课内 4 课时＋课外

五、整体活动规划

主题名称	制作毕业纪念册	**总课时安排**	4
内容及课时建议	**活动规划**		
第一阶段： 主题生成，方案设计 （1 课时＋课外）	在老师提供的资源中探究毕业纪念册的结构、内容和特点，了解纪念册的相关知识，通过小组讨论交流，确定素材、工具和材料，明确分工，设计出手工版和电子版毕业纪念册制作方案。		
第二阶段： 学习技能，动手制作 （2 课时＋课外）	课前结合第一阶段设计的方案搜集素材，准备模板，课上进行工具和材料的选择，通过实验探究粘贴材料的适用性，明确点状双面胶的优点及使用方法。学习打孔机等工具的使用方法，借助微课帮助学生掌握毕业纪念册的装订方法，在动手制作中练习运用，掌握技能。		
	引导学生回顾毕业纪念册的结构，引出主题。接着学生根据上一阶段所设计的方案选择合适的制作软件进行制作，能熟练应用信息技术知识制作电子毕业纪念册。最后通过交流评议作品，引导学生课后修改完善。（由信息技术老师执教此课时）		
	学生根据所学的知识和技能，利用课后时间合作完善毕业纪念册的装饰和装订。		

续表

内容及课时建议	活动规划
第三阶段： 分享交流，反思总结 （1 课时）	学生展示制作完善的毕业纪念册，分享交流设计制作的收获和心得，梳理得失，并反思问题，改正不足，总结方法，为今后的合作与设计制作积累宝贵的经验。

六、主题作业与拓展学习设计

“制作毕业纪念册”主题活动作业设计附后，见第 108 页。

七、特色学习资源分析，技术手段应用说明

特色学习资源：六年级学生即将告别母校，本主题活动将铭记和感恩母校作为情感价值理念渗透在设计制作之中，让学生感受到与母校一同成长的意义，有助于达到育人目的。

技术手段应用：在整个活动开展前，执教者使用 EV 录屏软件、Adobe Premiere Pro 软件、抖音小视频软件、美图秀秀软件制作了小视频，作为微课在课堂上使用。在活动中，执教者灵活运用多媒体软件，引导学生观看图片、视频等资料，其中，《手工毕业纪念册欣赏》为学生设计毕业纪念册提供了很好的思路，《书籍装订的历史演变与类型》带领学生欣赏了我国书籍装订艺术的魅力，进一步培养学生的工匠精神。《活页订装》《线装装订》则通过具体详细的步骤，向学生展示了两种装订方法的要点，学生看完视频后便能动手操作实践。

学生搜集和准备材料期间，使用电脑搜索引擎搜集文字和图片资料，通过微信、QQ 等社交软件分享小学期间的照片，为接下来的制作做足充分的准备。

八、分阶段活动内容及教学设计

第一阶段：主题生成　方案设计

内容分析：本阶段活动是整个主题活动的起始阶段，学生将在教师的引导下探究毕业纪念册的结构、内容和特点，并通过小组讨论交流，确定素材、

工具和材料，明确分工，制订出可行的设计方案。此阶段活动的开展，有利于发展学生思维，激发学生将自己的创意和方案付诸现实、转化为实物作品的愿望，培养团队合作精神。

学情分析：六年级学生已有一定的合作能力和沟通能力，个别学生具有组织能力，能在小组讨论环节展示出来。大部分学生有一定的分析能力，能根据教师提供的图片等资源提炼出毕业纪念册的结构、素材、特点等要素。

教学目标：

1. 通过观察、交流、讨论，了解毕业纪念册的结构及素材，掌握设计毕业纪念册的要点。

2. 通过小组制订“制作毕业纪念册”的设计方案，锻炼合作能力、沟通能力、分析能力和设计能力。

3. 回忆校园生活的点点滴滴，培养留心、关心身边美好事物，珍惜友谊，热爱学校的思想意识。

重点难点：

重点：了解纪念册的结构，构思纪念册的内容。

难点：确定毕业册的内容。

课前准备：查找制作毕业纪念册的相关资料。

所需课时：1课时+课外。

活动简要流程：

关键要素	环节	课堂主要活动	教师指导重点
创意设计	一、创设情境，生成主题	1. 猜照片人物：出示低年级照片，学生猜测照片人物。 2. 看过去活动影像：播放学校的风景图片，班级文体活动、荣誉展等影像。 3. 话离别心情：师生表达即将毕业的心情。 4. 导入活动主题：这节课就让我们一起来设计毕业纪念册。	创设情境，生成主题的指导：通过猜照片人物、看过去活动影像，创设情境，让学生初步感受到成长带来的惊喜，唤起潜藏在内心深处的朴素情感，让小学的点滴故事自然涌上心头，激发活动兴趣。

续表

<table>
<tr><th>关键要素</th><th>环节</th><th>课堂主要活动</th><th>教师指导重点</th></tr>
<tr><td rowspan="3"></td><td>二、联系经验，了解毕业纪念册的结构</td><td>1. 你见过什么样子的毕业纪念册呢？
2. 一本纪念册应包含哪些内容呢？
3. 出示纪念册视频，边看边思考，一本纪念册由哪几个部分组成？</td><td>经验分享，了解结构的指导：
利用毕业纪念册的样例图片，帮助学生了解毕业纪念册的组成部分。
提供视频，指导学生自主观察、小组讨论纪念册的结构，教师梳理小结。</td></tr>
<tr><td>三、梳理素材，提炼设计要点</td><td>1. 你觉得毕业纪念册需要有哪些内容？
（1）封面：有寓意的图案和元素。
（2）正文部分可以放什么内容？
2. 正文部分的编排方式：编年体式和栏目式，或按照自己的想法自由选择。
3. 梳理内容和编排设计要点。</td><td rowspan="2">梳理素材，明确设计要点的指导：
从学情出发，重点指导封面、目录、正文、封底的设计要点及其主要内容，鼓励学生自主构思，设计制作专属自己的毕业纪念册。
1. 提炼封面信息，确定哪些为必要信息，哪些可自行选择。
2. 学生畅所欲言，梳理正文所需素材及内容，相机板书。
3. 对话引导学生了解编排方式。
4. 小组讨论，探究各种编排方式的特点及配文，提炼设计要点。</td></tr>
<tr><td>四、根据实际，选择工具</td><td>都说工欲善其事必先利其器，要制作毕业纪念册怎能少了材料和工具呢？我们需要用到哪些材料和工具呢？</td></tr>
<tr><td>反思与改进</td><td>五、小组合作，制订设计方案</td><td>1. 了解方案框架。
2. 小组制订设计方案。
3. 分享小组的设计方案。
4. 互动点评设计方案。
5. 各小组完善设计方案。
6. 总结提升，布置后续任务。课后请各小组分工合作，搜集素材和工具，根据各自的设计</td><td>制订设计方案的指导：
引导学生了解方案框架并进行合理分工，制订出可行的设计方案，为后续活动做好准备。
1. 温馨提示学生如何制订设计方案。教师在巡视过程中关注学生的设计方案是否清楚。
2. 引导学生从设计要点、合作</td></tr>
</table>

续表

关键要素	环节	课堂主要活动	教师指导重点
		方案把模板绘制出来。下节课，我们继续开动脑筋，用双手制作我们的毕业纪念册！	问题展开评价。来不及完成的小组可课后完善方案。 3. 抒情总结，布置课后任务。

板书设计：

设计毕业纪念册

结构	素材	编排	设计
封面	照片	编年体式	板块清晰
扉页	个人信息	栏目式	色彩亮丽
目录	荣誉	……	内容丰富
正文	教师信息		图文结合
	……		主题突出

第二阶段其一：制作纸质毕业纪念册

内容分析：本节课是本次主题活动的制作阶段——制作纸质毕业纪念册。学生在第一阶段设计方案的基础上进行制作。课前通过回顾前期活动影像激起学生制作毕业纪念册的热情，通过反思让学生发现问题并学会解决问题。教师在活动中一步步引导学生学会选择合适的材料和工具进行装饰。对于装订书册学生相对陌生，教师通过视频让学生了解书册的装订方式，从而选择出适合纪念册的装订方式，学生小组合作完成毕业纪念册的装订。

学情分析：六年级学生有一定的动手操作能力，对于双面胶、剪刀等工具能够得心应手地运用。学生有生活经验的积累，能初步了解书册的装订方法，这为后续课堂的学习奠定了基础。同时，学生具有一定的合作能力和团队意识，能够更好地在课堂进行小组活动。

教学目标：

1. 通过动手操作，初步掌握纪念册等此类书册的制作方法，激发将自己的创意和方案付诸现实、转化为纪念册作品的情感。

2. 了解常用书册装订工具的用途和使用方法，并懂得在制作过程中正确使用工具，锻炼学生的动手能力，提升技术操作水平，获得实践创造美的成就感。

3. 通过毕业纪念册的设计与制作，回顾个人和集体的成长经历，懂得成长需要自己的努力，也离不开学校的关怀、老师的教导和同学的帮助，培养感恩之心。

活动重点：

1. 学会选择合适的材料和工具装饰毕业纪念册。

2. 在教师的引导下掌握装订方法来装订毕业纪念册。

课前准备：卡纸、剪刀、画笔、胶水、点点胶、打孔机、夹子、活页套环等制作材料和工具。

所需课时：1课时＋课外。

活动简要流程：

关键要素	环节	课堂主要活动	教师指导重点
选择活动材料和工具	一、回顾课前资料搜集过程	1. 回顾：在搜集素材时，有没有遇到什么问题呢？是怎么处理的？ 2. 导入，揭示课题：这节课，就让我们一起制作属于我们的毕业纪念册。	回顾资料搜集的指导： 通过对话引导学生说出课前搜集资料遇到的问题，引导学生根据设计要点及时做出调整。
	二、探究装饰方法，选择粘贴材料	1. 观察图片，思考：装饰纪念册有哪些方法？ 2. 探究粘贴材料：对于背面光滑的纸质材料应该用什么材料来粘贴？ 3. 自由选择材料进行尝试并得出结论。	材料的选择与使用指导： 1. 为学生提供各种粘贴材料并介绍点点胶的使用方法。 2. 引导学生选择材料进行尝试，并通过实验验证猜想。

续表

关键要素	环节	课堂主要活动	教师指导重点
动手制作	三、装饰毕业纪念册	1. 出示温馨提示。 2. 解读温馨提示：注意分工合作，正确使用工具和材料。 3. 小组合作，装饰纪念册。	小组分工的指导： 1. 通过温馨提示启发学生讨论分工，关注学生的分工是否到位。 2. 装饰时，教师引导学生正确使用工具和材料。
展示交流作品	四、展示纪念册，交流与评价	1. 分组展示作品，并介绍自己小组是怎么制作的。 2. 其他小组进行评价。 3. 交流反思得失。	交流评价与反思的指导： 1. 启发学生从设计要点评价作品，提出合理的建议。 2. 对话引导学生关注内容，体会设计特点。 3. 师生互动，反思不足，明白团队合作的重要性。
动手制作	五、探究装订方法，合作装订纪念册	1. 观看视频，探究装订方法。 2. 比较不同装订形式的特点。 3. 思考哪种装订形式能简单方便而高效地装订我们的毕业纪念册。 4. 观看微课视频，学习线装式和活页订式装订方法。 5. 小组讨论并选择装订方法，合理分工，合作完成纪念册的装订。	工具使用和方法探究的指导： 1. 观看视频、图片，启发学生选择合适的装订形式。 2. 通过示范演示，学习打孔机的正确使用方法。 3. 小组合作装订，引导学生关注在装订过程中遇到的困难并解决困难。
反思与改进	六、交流反思，畅谈感受	1. 请完成的小组派一位代表来展示作品。 2. 学生交流收获和感悟。 3. 教师赠祝福语。 4. 布置后续任务：利用课后时间完善装饰和装订，下节课再来分享交流。	小组展示交流的指导： 1. 引导学生介绍装订过程，关注遇到的困难，并提出解决方法。 2. 从不同方面启发学生畅谈感受与收获，从而获得成长。 3. 寄语抒情，让学生感受双手创造美的成就感。

板书设计：

制作纸质毕业纪念册

装饰	贴　剪　写　画
装订	活页订式　打孔　套环 线装式　　夹　　钻孔　穿线　打结

第二阶段其二：制作电子毕业纪念册

（此方案由晋江市第二实验小学黄襄旺老师设计）

内容分析：本阶段活动是整个主题活动的第二阶段，学生在第一课时学习的基础上进行制作活动，本课时是制作电子毕业纪念册。引导学生回顾毕业纪念册的结构，引出主题，接着选择材料和工具进行制作。根据上一阶段制订的设计方案进行工具的选择，教师引导学生选择合适的制作软件进行制作，通过交流评议作品进行反思，课后再修改完善。此阶段活动运用新信息技术，有别于传统的制作方法，信息技术的使用让学生的思维得到了发散，在团队合作中把信息技术知识应用在自己的作品中，让学生获得成就感。

学情分析：六年级学生已有一定的合作能力和沟通能力，个别学生具有组织能力，能在小组讨论环节展示出来。大部分学生有一定的分析能力，能根据教师提供的资源图片等提炼出毕业纪念册的结构、素材、特点等要素。

教学目标：

1. 通过激起学生情感共鸣，了解毕业纪念册的结构及内容等，掌握设计要点，设计毕业纪念册。

2. 通过设计电子毕业纪念册，锻炼学生的合作能力、沟通能力、分析能力和设计能力。

3. 回忆校园生活的点点滴滴，培养留心身边美好事物、珍惜友谊、热爱学校的思想意识。

活动重点：

1. 选择合适的工具制作电子毕业纪念册。

2. 能熟练应用信息技术知识制作毕业纪念册。

课前准备：查找毕业纪念册相关资料。

所需课时：1课时＋课外。

活动简要流程：

关键要素	环节	课堂主要活动	教师指导重点
选择活动材料或工具	前期回顾	1. 回顾前期活动，明确纪念册的结构。 2. 确定制作方式，引出课题。	前期回顾指导： 利用图片帮助学生回忆，激发制作电子纪念册的愿望。
	检查素材	1. 检查素材和分工安排情况。请各小组汇报要做哪些栏目，分别由谁负责，分别准备哪些素材。 2. 小结。	小组分工的指导： 引导学生明确分工，清楚任务，检查素材准备，突出栏目特点，为后续制作做好准备。
	选择工具，明确任务	1. 猜测工具：我们可以用什么软件来制作电子纪念册呢？ 2. 选择工具：（出示剪映、快手、PPT等软件图标）你会使用哪个软件工具？ 3. 明确任务。	工具选择的指导： 用PPT介绍各种软件，学生根据生活经验和已有知识选择工具，明确任务，激发学习兴趣。
动手制作	学习技能，动手制作	1. 观看视频，引入模板。提问：你更喜欢哪个作品？为什么？ 2. 选定模板，并分配好各栏目所用的模板页，统一风格。 3. 学习技能，应用模板。认真观看微课，梳理应用模板进行编辑的方法。 4. 小组合作，动手制作。	选用模板，动手制作的指导： 1. 引导学生明确分工，选择模板解决风格难以统一的问题，为后续高效制作奠定基础。 2. 引导学生关注统一风格的设计要素，学会应用模板提高制作效率。
交流展示，反思与改进	交流展示，反思改进	1. 小组合作，合并作品。 2. 师生合作，完善作品。教师演示，学生认真观看梳理：怎样做才能达到我们想要的效果？ 3. 交流心得，提升情感。	交流评议，完善作品的指导： 1. 引导学生运用复制幻灯片的方法完成合并。 2. 引导学生发现并分析作品存在的问题，师生交流共同解决

续表

关键要素	环节	课堂主要活动	教师指导重点
		(1) 导出视频格式，观看效果。 (2) 你学到了什么？有什么感悟？ (3) 交流成功与失败的原因。 4. 总结提升，布置后续任务。继续修改完善毕业纪念册。	问题。 3. 引导学生关注学习过程中的体验和感悟，形成动手实践意识，养成良好的习惯，增强集体意识和团队精神。

板书设计：

制作电子毕业纪念册

工具	方法	要点
PPT	准备素材	突出主题
	选用模板	统一风格
	添加音乐	渲染氛围
	导出视频	流畅自然

第三阶段：展示交流 总结反思

内容分析：本阶段活动是整个主题活动的最后反思交流阶段。学生在前期阶段设计制作完成作品后开展分享交流会。各小组通过交流、评议所有作品，在师生互动中反思作品，教师适当地拓展加工的方式，发散学生思维，鼓励学生课后进行适当修改。最后总结升华，学生畅所欲言，总结本次主题活动的收获与感受。让学生在此次活动中提高倾听和交流的能力，培养对母校、老师和同学的感恩之情。

学情分析：六年级学生有一定的交流和反思能力，对于如何介绍展示自己小组的作品有独到的见解。学生具有一定的合作能力和团队意识，能够更好地在课堂合作展示小组作品；有一定的倾听能力，懂得如何尊重他人成果。

教学目标：

1. 通过展示交流，让学生学会介绍展示的基本技能，激发其将自己的创意展示出来的愿望。

2. 在交流与反思中培养学生发现问题和解决问题的能力，并懂得倾听的重要性，锻炼学生的交流能力，提升沟通水平，获得双手创造美的成就感。

3. 在交流和反思中培养学生对母校的热爱之情，提升学生的道德修养，为今后的合作与实践积累宝贵的经验。

活动重点：

1. 在反思交流中学会倾听，学会沟通交流。

2. 能运用所学的加工方式对毕业纪念册进行修改完善。

课前准备：各小组的毕业纪念册成品。

所需课时：1课时。

活动简要流程：

关键要素	环节	课堂主要活动	教师指导重点
交流展示作品	一、反思课前制作成品的过程	1. 欣赏回顾活动照片和成品图。 2. 交流分享，揭示课题。 ①分享完成作品的感受和收获。 ②交流制作过程中遇到的问题和处理办法。 ③小结并揭题。	前期过程反思的指导： 通过对话引导学生回顾制作纪念册时遇到的问题以及是如何调整的。启发学生学会发现问题并解决问题，强调反思的重要性。
	二、成果分享	1. 在分享成果前思考：怎样介绍才能吸引人呢？ 2. 梳理分享要点： ①介绍分工； ②按照顺序介绍； ③说说自己的毕业感言。 3. 小组讨论介绍的内容。 4. 各小组推选代表上台交流分享。	成果分享的指导： 1. 通过对话引导学生关注毕业纪念册的结构和内容，感受制作这本纪念册的意义。 2. 引导学生在小组内交流时，先讨论介绍要点，再鼓励小组成员可以几个人一起上台，减弱紧张感。

续表

关键要素	环节	课堂主要活动	教师指导重点
	三、小组展示交流	1. 小组展示，其他同学按照评价标准进行评价。 2. 交流听后感受，提出自己的看法和建议。 3. 小结。	展示交流的指导： 1. 利用板书，引导学生围绕分享要点进行介绍。 2. 通过对话引导学生根据评价要点提出自己的合理建议。
反思与改进	四、扩展加工方法	1. 出示小视频，学生观看并比较。 2. 梳理丰富美化的方法："加一加，添加装饰""减一减，设计镂空"。 3. 利用课余时间进一步加工我们的纪念册。	扩展加工的指导： 可以将视频中的几种方法用图片的形式放大，进行对比，梳理总结美化毕业纪念册的方法。
	五、畅所欲言，抒我情怀	1. 交流反思，畅谈感悟。 2. 总结提升。	畅谈感受与收获的指导： 1. 从不同方面启发学生畅谈感受与收获，获得成长。 2. 寄语抒情，肯定每个小组的毕业纪念册，让学生感受实践创造美的成就感。

板书设计：

毕业纪念册分享会

分享要点	评价标准	美化方式
制作分工	结构完整	加一加
内容元素	编排有序	减一减
内涵寓意	主题突出	……
收获感言	板块清晰	
装订整齐		

附 2：

“制作毕业纪念册”主题活动作业设计

一、作业设计思路

“制作毕业纪念册”是属于设计制作类的主题活动。学生通过观察各类纪念册的封面、扉页、目录、内页等，对纪念册有初步的了解。在此基础上，引发学生思考，小组合作完成“毕业纪念册设计单”，再依据设计单自主选择材料和工具或制作软件制作纸质版、电子版毕业纪念册，接着通过装饰和装订毕业纪念册，进行创意物化，其中渗透书册的装订知识，让学生学会运用装订工具，体验创作的快乐。制作好毕业纪念册后，参加“成果展示会”，提升语言表达能力和客观评价他人的能力，学会自我反思和向他人学习。

二、作业特点

本主题作业设计是以学生在课内外的综合实践活动为主要载体的合作型作业，需要学生团体合作完成，通过团体合作，相互学习、相互影响，在交流中逐步建立自信心，增强与同伴合作的意识和能力。针对不同学生的水平差异，设计可以多种选择的作业，学生依据自己的兴趣爱好和能力自主选择完成。

三、作业对象

六年级学生。

四、具体作业设计

同学们，小学六年的学习生活让我们拥有了很多共同的美好回忆，彼此之间像兄弟姐妹一样。可是，很快我们就要毕业了，马上就要分别了，心里难免五味杂陈。那么，毕业在即，让我们努力把美好的时光都收藏起来，一起来学做一本独一无二的毕业纪念册吧！若干年后，当我们翻开纪念册，美好的小学生活就会历历在目，这是多么珍贵的回忆啊！

（一）准备阶段

任务：考察探究，开拓思路

任务要求：在商店、网上都可以购买到毕业纪念册，那么一本纪念册的结构、内容、特点都有哪些呢？制作毕业纪念册需要用到哪些材料和工具呢？请以小组为单位，仔细观察实物或纪念册图片，认真思考、积极讨论，写下你们小组的探究结果吧！

教师提示：

1. 同学们，观察时可以按照先整体后部分的顺序，先观察毕业纪念册由哪些部分组成，再认真观察都有哪些栏目哦！

2. 要留意毕业纪念册里的图片和文字，想想它们有什么特别之处。

毕业纪念册观察记录表

<table>
<tr><td>小组</td><td></td><td>记录员</td><td></td></tr>
<tr><td>结构</td><td colspan="3"></td></tr>
<tr><td>内容</td><td colspan="3"></td></tr>
<tr><td>特点</td><td colspan="3"></td></tr>
<tr><td>材料和工具</td><td colspan="3"></td></tr>
</table>

教师提示：

毕业纪念册的内页（正文）一般按照栏目式和编年体式来编排，并根据栏目和年级取创意十足的名称。毕业纪念册还可以有什么样的编排方式和名称，同学们要拓展自己的思路哦！

编排方式示例：

栏目式
毕业感言
师恩难忘
精彩回忆
友谊长存
……

编年体
一年级——我们上学了
二年级——我们进步了
三年级——我们长大了
四年级——我们学会了
五年级——我们做到了
六年级——我们毕业了

【设计意图】以小组为单位填写“毕业纪念册观察记录表”对学生参与活动有指导作用，让学生在观察毕业纪念册时有指向性，带着目的去观察能获取更多有效信息，为学生后期设计毕业纪念册打开了思路。

【评价标准】请根据填写记录表的完成情况，按以下要点对自己小组进行星级评价。（☆☆☆）

评价要点	☆
1. 能从毕业纪念册的栏目、特点等多角度进行认真观察。	
2. 各组能就观察所得进行讨论，得出结论，并把相关内容正确、完整地填写在记录表上。	
3. 小组观察过程中能明确分工。	

（二）实施阶段

作业一：制订方案，拟定草图

同学们，常见的毕业纪念册有两种形式，一种是手工版，一种是电子版。请小组讨论确定制作毕业纪念册的形式，并认真构思，填写设计方案表，制订毕业纪念册的设计方案，还要确定小组成员的分工。

毕业纪念册小组设计方案（手工版）

<table>
<tr><td colspan="5">组别：第________小组　　　　　组长：____________</td></tr>
<tr><td>纪念册的结构</td><td>内容和素材</td><td>工具和材料</td><td colspan="2">人员分工</td></tr>
<tr><td>封面</td><td></td><td rowspan="9"></td><td>任务</td><td>负责人</td></tr>
<tr><td>扉页</td><td></td><td></td><td></td></tr>
<tr><td>目录</td><td></td><td></td><td></td></tr>
<tr><td rowspan="5">正文</td><td rowspan="5"></td><td></td><td></td></tr>
<tr><td></td><td></td></tr>
<tr><td></td><td></td></tr>
<tr><td></td><td></td></tr>
<tr><td></td><td></td></tr>
<tr><td>封底</td><td></td><td></td><td></td></tr>
<tr><td>遇到的问题</td><td colspan="4"></td></tr>
</table>

毕业纪念册小组设计方案（电子版）

<table>
<tr><td colspan="5">组别：第________小组　　　　　组长：____________</td></tr>
<tr><td>纪念册的结构</td><td>内容和素材</td><td>工具和材料</td><td colspan="2">人员分工</td></tr>
<tr><td>封面</td><td></td><td rowspan="9"></td><td>任务</td><td>负责人</td></tr>
<tr><td>扉页</td><td></td><td></td><td></td></tr>
<tr><td>目录</td><td></td><td></td><td></td></tr>
<tr><td rowspan="5">正文</td><td rowspan="5"></td><td></td><td></td></tr>
<tr><td></td><td></td></tr>
<tr><td></td><td></td></tr>
<tr><td></td><td></td></tr>
<tr><td></td><td></td></tr>
<tr><td>封底</td><td></td><td></td><td></td></tr>
</table>

续表

制作软件	剪映（　　）　快手（　　）　巧影（　　） 会声会影（　　）　PPT（　　）　其他（　　）
遇到的问题	

教师提示：

除了制订设计方案，还要讨论小组分工，把栏目的草图拟定出来。

手工版栏目草图	电子版栏目草图

【设计意图】小学生的年龄特征决定了他们的思维方式以形象思维为主，因此我们先让学生观察毕业纪念册，激发他们的探究欲望，以此为基础，以小组为单位制订设计方案。每一名学生都要有明确分工，才能做到人尽其责，合理高效，提升学生的自主规划和管理能力。

【评价标准】请根据作业的完成情况，按以下要点对自己小组进行星级评价。(☆☆☆)

评价要点	☆
1. 方案制订完整，具有各自独到的见解和创意。	
2. 根据小组成员的兴趣、能力等选择不同任务，小组成员分工明确。	
3. 能选择合适的材料、工具或软件。	
4. 考虑周全，能预测到可能存在的问题并想到相应的解决办法。	

作业二：课后任务，搜集素材

任务要求：同学们，根据你们小组制订的设计方案都需要哪些素材呢？课后请根据小组分工去搜集素材，为下一阶段的活动做好准备。注意记录在搜集素材的过程中遇到哪些问题，又是如何解决的。

搜集素材记录单

搜集的素材	
遇到的问题	
解决的办法	

【设计意图】搜集素材对于学生来说比较简单，填写“搜集素材记录单”可以让学生在此活动中学会反思，帮助学生逐渐形成在实践操作中学习的意识、发现问题的意识，自己尝试解决问题可提高其综合解决问题的能力。

【评价标准】请根据作业的完成情况，按以下要点对自己小组进行星级评价。（☆☆☆）

评价要点	☆
1. 搜集的素材丰富、翔实、完整。	
2. 在搜集的过程中，遇到问题能选择合适的办法进行解决。	

作业三：创意物化（可选择）

任务要求1：动手设计，创意物化。

（1）选择手工版的小组，请根据小组的设计方案，分工制作毕业纪念册并进行装饰。

教师提示：

制作手工版毕业纪念册可以选择卡纸，也可以选择比较厚的美术纸、木纹纸等。剪、画、写、贴、刻等都是可以运用的装饰方式。在贴的时候，可以自由选择粘贴的材料，如胶水、双面胶等。粘贴照片可以选择点点胶、角贴，效果更佳哦！

（2）选择电子版的小组，你们想用什么软件进行制作呢？请根据小组的设计方案，分工运用软件绘制毕业纪念册并进行装饰。请对照下方评价表，开始操作吧！

评价表（最多 3 颗星）			
评价要点	自评	同学评	总评价
积极认真学习、运用新技术制作毕业纪念册。	______	______	（　　）颗
对新技术操作熟练。			（　　）颗
制作的毕业纪念册精美有创意。			（　　）颗
遇到问题会自主解决。			（　　）颗
会修改完善毕业纪念册，精益求精。			（　　）颗

教师提示：

制作电子版毕业纪念册的软件很多，选择制作软件前可以先查阅制作步骤，也可以选择套用软件里的应用模板，运用“换一换”“删一删”“添一添”等方法。注意分工制作内页（正文）前要先确定整体风格，风格统一会更加美观哦！

【设计意图】创意物化毕业纪念册是可以自主选择的作业，根据每个小组选择的形式进行设计和装饰。学生有了自主选择的空间，活动变得更加丰富。

【评价标准】请根据作业的完成情况，按以下要点对自己小组进行星级评价。（☆☆☆）

评价要点	☆
1. 能根据设计方案制作完成手工版或电子版的毕业纪念册。	
2. 制作完成的毕业纪念册有创意、美观，具有内容丰富、色彩艳丽、图文结合、主题突出、板块清晰等特点。	
3. 制作手工版毕业纪念册能选择合适的材料和工具；制作电子版毕业纪念册运用软件技术娴熟。	
4. 能根据评价表的不同评价要点进行公正、真诚的自评和互评。	

任务要求 2：选择装订方式，装订成册

（1）学习装订技术。同学们，制作好了封面和内页，装饰好了纪念册，不管是手工版还是电子版打印后，都可以将它装订成册。其实，毕业纪念册的装订方式和书籍的装订方式大致相同。各小组仔细观看装订书籍的小视频，试着把各种装订方式的步骤及所用工具整理出来，这对我们选择合适的装订方式会有帮助。如果你能从其他渠道找到其他装订方式也可以一起记录下来。

教师提示：

可以根据老师提供的流程图记录、整理查找到的资料，也可以自己制作思维导图哦！

装订方式流程图示例：

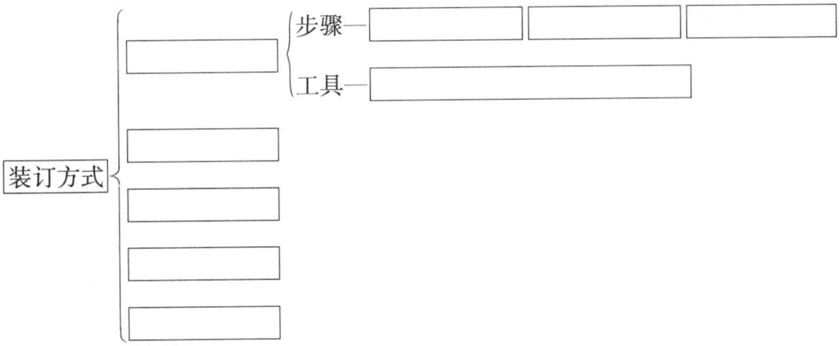

装订方式
- [ ]
  - 步骤—[ ] [ ] [ ]
  - 工具—[ ]
- [ ]
- [ ]
- [ ]
- [ ]

教师提示：

书籍的装订方式有：精装式、线装式、胶装式、骑马订式、活页订装式、平订式。

【设计意图】以流程图或思维导图的方式让学生在学习装订方法的同时学会如何处理信息。流程图或思维导图能使信息更加直观、有条理，还可加强学生自主学习的能力，在整理信息的同时习得装订的方法，体会工匠精神。

【评价标准】请根据作业的完成情况，按以下要点进行星级评价。（☆☆☆）

评价要点	☆
1. 能认真观看视频资料，借助思维导图等方式整理清楚书籍的装订方式。	

续表

评价要点	☆
2. 能自行查阅其他装订方式的有关资料并进行整理，具有较强的自主学习能力。	
3. 加分项：能够自己设计并绘制出有创意的思维导图。	

（2）同学们，整理完书籍的装订方式，你们觉得哪些方式适合我们装订毕业纪念册呢？小组展开讨论，共同填写装订任务单，然后用你们选择的装订方式装订好你们的毕业纪念册。

第（　　）小组装订任务单	
我们选择的装订方式	
装订的关键步骤	
所需的工具和材料	
任务分工	
注意事项	

【设计意图】小组完成装订任务单，对学生具有指导作用，让小组活动更有指向性。任务分工使每一个学生明确职责，才能做到人尽其责，合理高效，提升学生的自主规划和管理能力。

【评价标准】请根据作业的完成情况，按以下要点对自己小组进行星级评价。(☆☆☆)

评价要点	☆
1. 能根据自己的兴趣选择装订方式，完整填写装订任务单。	
2. 小组分工明确，装订步骤完整正确，装订技法娴熟。	
3. 装订后的毕业纪念册牢固、美观。	

（三）反思阶段

作业一：成果展示，交流改进

任务要求：小组分工完成毕业纪念册后，可以在班级开个交流分享会，分享各小组的成果。在展示时，要对自己的设计进行说明，也可以展示自己小组富有创意的地方；对同学提出的疑问耐心解答，虚心听取他人的意见和建议，再改进作品。

教师提示：

展示时有一定的顺序，按照毕业纪念册的结构，结合内容和特点进行介绍，可以重点介绍自己小组具有创意的地方。

【设计意图】举行交流分享会是对学生作品的肯定，也是一个创造美、欣赏美、鉴别美的过程，使学生获得审美愉悦，并有自己的思考与改进。

【评价标准】请根据作业完成情况，按要点对自己和小组进行星级评价。（☆☆☆）

评价要点	☆
1. 能认真倾听同学分享成果，并能提出自己的疑问，给出适当的建议。	
2. 小组展示大方得体，介绍条理清晰，能重点突出小组的创意。	

作业二：多元评价，收获成长

任务要求 1：在这次活动中，你在哪些方面进步了？哪些方面还需要改进呢？能得几颗星？请你根据自己的表现进行自我评价，并请小组其他成员和老师也给予评价。填写活动评价表，涂上颜色。

评价内容	自己评	小组评	老师评
我很积极、愉快地参加此次活动。	☆☆☆☆☆	☆☆☆☆☆	☆☆☆☆☆
文字构图和设计合理，有一定的美感。	☆☆☆☆☆	☆☆☆☆☆	☆☆☆☆☆
具有创意性的想法，并能动手设计出毕业纪念册。	☆☆☆☆☆	☆☆☆☆☆	☆☆☆☆☆
在集体活动中团结协作，能与他人合作完成设计制作。	☆☆☆☆☆	☆☆☆☆☆	☆☆☆☆☆
认真完成活动任务，活动过程中注意力集中。	☆☆☆☆☆	☆☆☆☆☆	☆☆☆☆☆

续表

评价内容	自己评	小组评	老师评
学会使用工具，使用完成后能收拾干净桌面，有良好的卫生习惯。	☆☆☆☆☆	☆☆☆☆☆	☆☆☆☆☆
遇到困难能努力解决。	☆☆☆☆☆	☆☆☆☆☆	☆☆☆☆☆
对作品品质要求高，精益求精，有成就感。	☆☆☆☆☆	☆☆☆☆☆	☆☆☆☆☆

【设计意图】这份评价表可让学生获得关于学习过程的反馈，对自己的优点和不足有进一步的了解，通过小组其他成员的评价看到自己的成长及不足，以改进后续活动。

【评价标准】请根据作业的完成情况，按以下要点对自己进行星级评价。（☆☆☆）

评价要点	☆
1. 能根据评价内容认真完成自评，并客观、真诚、公正地给予小组其他成员评价。	
2. 能积极主动邀请老师为自己完成活动评价表。	

任务要求2（**选做**）：欣赏了他人的创意作品并听取了同学们的建议后，各小组有哪些新想法？请大胆去实现你们的想法吧！

我们的新想法：	我们改进的办法：
(1)	(1)
(2)	(2)
(3)	(3)
(4)	(4)

任务要求3（**选做**）：同学们，经过了这次巧手制作毕业纪念册的活动，你有什么活动收获或者活动体会，赶紧拿起笔来写一写吧！

【设计意图】活动收获与总结阶段的反思与改进旨在引导学生对活动过程和结果进行系统梳理和总结。分享交流后，学生及时进行反思总结，对他人提出的建议进行思考，可以引发新的思路并提出改进的方法，获得新的体验及成长。

【评价标准】请根据作业完成情况，按以下要点对自己进行星级评价。(☆☆☆)

评价要点	☆
1. 交流分享后能听取不同的建议，并记录产生的新想法或新的改进办法。	
2. 课后能总结反思此次主题活动过程，写下自己的活动收获或体会，树立动手制作意识，获得活动成长。	

第四节　职业体验的实施

职业体验是一种以体验式学习为基础，有目的、有组织、有计划地与各种职业生活进行关联的活动，是综合实践活动课程的一种主要活动方式。

一、职业体验的概念界定

职业体验指学生在实际工作岗位上或模拟情境中见习、实习，体认职业角色的过程，如军训、学工、学农等，它注重让学生获得对职业生活的真切理解，发现自己的专长，培养职业兴趣，形成正确的劳动观念和人生志向，提升生涯规划能力。职业体验活动是学生探索未来职业的重要形式与途径。

二、职业体验的设计与实施

学校开展职业体验活动，大致可以分为两类：①校内体验，如学校餐厅服务生、图书馆管理员、教师等岗位的体验。②公司、工厂、企事业等场所真实岗位的实地观摩、直接参与和体验。学生在体验中接触实际岗位，认识更多的职业，从而丰富自己的职业认知，树立职业志向。这就决定了实施职业体验课程必须走出班级，与社会的各行各业通力合作。

一般来说，职业体验活动包含选择或设计职业情境，实际岗位演练，总结、反思和交流经历过程，概括提炼经验、行动应用等四个关键要素。这些关键要素为职业体验活动的设计与实施提供了方向，也构成了体验式学习的基本实施环节。活动的具体展开过程如下。

（一）活动准备阶段

本阶段对应的关键要素是选择或设计职业情境，主要任务是借助特定的职业情境，激发学生探究职业奥秘的兴趣，帮助学生通过多种途径搜集相关职业知识，走进职业，明确职业的基本内涵与类别，了解职业的现状和社会价值，形成对该职业的感性认识。

职业情境可以分为真实情境和模拟情境。学生在真实职业场所中的职业体验通常有参观、见习、实习等形式，教师可以根据实际情况进行选择。而模拟情境的重点在于设计，是一种经过设计简化了的环境。在课程的设计与实施中，模拟情境可以让学生有机会对一个职业领域的系列岗位进行一一体验。在职业情境、岗位的选择和模拟中，要充分发挥学生的自主性，根据学生的职业兴趣来选择和模拟职业体验的领域、岗位。这样不仅可以丰富学生的职业认知，还可以帮助学生清晰地认识该职业领域内各个岗位的职责，为学生走向社会做好准备。活动实施的具体流程以“我是小小快递员”主题实践活动为例来分析说明。

教师在执教“我是小小快递员——主题生成”时，是这样引导学生来选择职业情境的。

课前先分发学习任务单，让学生通过调查完成学习任务单，对快递员这个职业有个初步的了解，为接下来开展的活动做好认知储备。

课一开始，教师通过对话，链接学生的生活经验，帮助学生梳理对快递员的初步认知，感受快递员工作的辛苦。紧接着，通过《快递员的一天》视频呈现快递员的日常工作情景，展现人们对快递员的高度评价和赞美，感受快递员给人们带来的幸福感，体悟快递员职业的社会价值，激发学生体验快递员岗位的兴趣。由此，“我是小小快递员”的活动主题生成也就水到渠成了。

当然，对于任何职业，要想体验它，首先要了解它的工作内容和职业特点。因此，执教者引导学生结合课前的学习任务单和《快递员的一天》视频梳理快递员的岗位职责和工作内容，丰富学生的认知，为接下来的活动做好了铺垫。

职业体验活动重视培养学生的职业规划意识。因此，制订体验计划是真正体验职业之前的重要环节。体验计划一般包括体验的项目或岗位名称、具体的工作或者活动方式等。让学生选择自己感兴趣的岗位加以了解，更有利于激发学生的活动兴趣。“我是小小快递员”主题生成阶段，执教者从“体验地点、体验时间、想体验的岗位任务、准备动作、注意事项和预期成果”这几个方面设计体验计划表，引导学生与小组成员共同进行岗前的规划准备。在展示和交流体验计划表时，教师引导各小组深入探讨，积极发表对他组计划表的评价，并提出自己的建议。

（二）活动实施阶段

这阶段对应的关键要素是实际岗位演练，是指教师带领学生在具体情境中进行具体的职业演练。通过这种方式，满足学生对不同职业的好奇心，培养其职业兴趣。岗位演练开始前，教师要引导学生通过多种途径对岗位的分类、职责、工作内容等进行调查，再根据自己的喜好选择职业岗位，扮演真实的社会角色。在岗位演练过程中，教师要指导学生做好活动过程的记录和活动资料的整理。学生在真实的职业情境中进行岗位演练，掌握基本的职业技能，体会不同岗位的特点与责任，有利于其形成理性的职业认识，养成良好的职业价值观念。

如在“我是小小快递员——学习技能”这个主题活动中，学生在课前先调查了解快递员所需要掌握的岗位技能，接下去就是岗位演练了。由于是在课堂上，教师采用模拟体验的形式，把全班同学分成 7 个小组，以小组为单位进行情境模拟演练。教师把学生需要掌握的快递员技能分为上门取件、打包、分拣、派送，引导学生根据自己比较擅长的方面来选择具体的模拟体验内容，使学生明确要选择自己能做的岗位。接着开始模拟体验之旅。为了使模拟体验高效、有真实感，教师把四个技能学习串联起来。

首先，学生制订好计划表后，执教者提供视频资料引导学生认真观察和思考，梳理出快递员上门收件需要经历“上门、验视、包装、计费、贴单、道别”的流程，并在教师的引导下明确各流程的注意事项和所用工具。然后进行情景模拟，这是职业体验活动的关键环节。在这一环节，教师组织学生通过组内模拟和观察反思，积累经验，又通过跨组模拟进行强化，两次模拟后，逐步进入快递员职业的情境中。

上门收件后的打包及对打包好的快递进行分拣和派送的演练。教学流程是这样安排的：在模拟演练前，引导学生思考要把这几项工作做好，具体分几个步骤来完成，提醒学生在模拟演练时要注意的事项，然后进行模拟演练，并引导学生及时思考、反思演练得失。在课堂上的模拟演练是非常短暂的，更重要的是后续真实的快递员岗位演练。

因本主题贴近学生生活，快递驿站众多，走到真实的岗位体验真实职场是可行的。之后，学生根据活动计划表，安全有序地开展为期一周的实践体验活动。当天工作之后，整理当天的活动内容，把岗位演练的过程记录下来，梳理要点和存在的问题。

（三）活动总结阶段

此阶段包含两个关键要素：总结、反思、交流经历过程；概括提炼经验，行动应用。

1. 总结、反思和交流经历过程

在每次体验活动过程中或活动结束时，教师都要引导学生回顾、分析自己的体验故事，分享收获与缺憾，进行自我评价。这个要素实际上贯穿整个活动过程。学生在教师的引领下反思、总结，从对职业技能的感悟到对职业责任的理解，认识到任何职业都承载着一定的社会责任，从而产生职业的认同感和自信心。

在“我是小小快递员——学习技能”这节课中，学生在模拟体验的过程中，会有不一样的体会与感悟。在学习打包技能的时候，根据学生现有的生活经验，结合快递员的示范视频，梳理打包的步骤较为轻松，但在真正的模拟演练中，学生会发现打包并没有想象中的简单，时间的限制、打包手法的不熟练，都让学生在实际操作中反思，教师在展示小组打包结果时因势利导，让学生知道快递员的工作并不是看起来那么容易。

模拟演练派送环节，采取的是情境扮演的方式。在展示派送遇到的考验“客户买错了拒收快递，要求快递员帮忙退货”时，学生认为应该拒绝客户的不合理要求，指出客户正确的做法应该是与卖家取得联系，通过七天无理由退货的渠道进行退货，而不应该拒签甚至让快递员帮忙退货。可见工作中要根据实际情况采取正确的解决方法，由此让学生体验快递员工作的实际状况。

在展示快递员在派送中遇到客户不在家的情况时，学生提出可以和客户再次约定派送时间，或者利用小区的丰巢、菜鸟等快递柜，可见快递员要学会灵活应变。

在展示“快递在运输过程有所损坏的情况”时，学生谈到要通过合法、正规的途径进行理赔，并取得客户谅解，可见快递员所需的知识储备和沟通能力也是一门学问……

学生在模拟演练中发现问题，梳理分析，意识到要做好一项工作应注意的一些事项，如要有方法、要懂得沟通交流、认真负责、练好技能等。这些都是学生在体验后的感悟，同时，学生也收获到成功感，形成对该职业岗位更加持久的兴趣，为下一阶段的实践活动（即学生真实地走进岗位）奠定基础。

学生在真实的岗位实践后回到课堂，进行活动中期反馈，再次梳理分析，教师引导学生提炼经验，让更多的同学有所借鉴，并能再次顺利开展岗位演练活动。

2. 概括提炼经验，行动应用

在岗位演练短暂的新鲜劲儿过后，根据学生的特长和自主选择，让他们持证上岗演练，正式步入工作情境，身份也由学生变成了职业人，加深学生对职业岗位工作内容的认识。每天工作之后，整理当天的学习内容，梳理要点和存在的问题，将专业知识和职业技能融合，进行一体化学习。一系列体验和演练，促使学生内化自觉服务的意识。教师指导学生依据生活情境，将自己所学应用到社会生活中，实现活动的深化与升华。

在“我是小小快递员”主题活动的第四阶段，学生经过一周的实践体验后，交流分享实践的收获。重点交流实践中对快递员职业的全新认识，懂得尊重快递员的劳动，以及在体验中的收获等。活动中教师要关注活动经验的总结，引导学生提炼经验，为下一个职业体验积累丰富的经验，如一定要练好技能，劳动是辛苦的，遇到困难是如何解决的，等等。教师引导学生用各种方式表达自己的感受和收获，可以简单说几句话，可以写成文章。在这一阶段，教师还要组织学生填写实践活动评价表，对自己与他人的实践活动作出客观的评价。课后尝试再次体验，到其他快递站服务。

教育即生长，每个学生都会长大。职业体验对学生来说，不仅仅是一次职业演练，一次实践活动，更是他们成长的机会，在活动中他们增长了职业知识，学习了职业技能，感受到工作的快乐，也让他们看到自己的成长。

总之，小学是实施职业教育启蒙的重要时期，在小学实施职业体验活动，对学生今后的发展与就业具有积极的作用。职业体验实践活动是一个复杂的过程，学校应结合小学生的身心发展特征以及校内外各方面优势构建科学合理的实践活动平台，实施可行的职业体验活动，使学生的核心素养获得真正的发展。

附：

“我是小小快递员”主题活动方案

一、主题说明

职业体验是小学生非常感兴趣的一种综合实践活动方式。在选择具体的职业时，考虑到近年来快递行业比较热门，又与我们的生活息息相关，学生对快递行业也比较熟悉，因而，我们选择了“我是小小快递员”这一主题。希望通过这个主题活动让学生学会换位思考，让他们懂得尊重每一种职业，体悟每一种职业的价值，提升职业生涯规划能力。

本主题活动旨在引导学生观察、体验快递员这一职业，在参与活动中走进生活，接触社会，让学生在实践中学到知识，培养能力，升华情感。

二、活动目标

1. 通过搜集资料、模拟演练、实地考察、采访快递员等方式了解快递行业的寄递常识及快递的包装、分拣、派送等相关知识。

2. 初步学会包装、分拣、派送等送快递的基本技能，在动手实践中培养问题意识、探究能力和创新精神，获得参与实践的积极体验和丰富经验。

3. 在真实体验中感受快递员的辛苦，体悟快递员职业的社会价值，懂得尊重每一种职业，尊重、关心、感恩身边的人，同时培养职业兴趣，形成正确的职业观念和人生志向。

三、适用年级：五年级

四、所需时长：3课时＋课外

五、整体活动规划

主题名称	我是小小快递员	总课时安排	3 课时＋课外
内容及 课时建议	活动规划		
第一阶段： 确定主题， 制订计划 （1 课时＋课外）	通过视频激发了解快递员岗位的兴趣，初步感受快递员的岗位价值，确定本次活动主题。课前调查、课上交流，正确了解快递员的不同岗位职责。小组合作制订岗前的体验计划。模拟快递员上门收件流程，在展示中发现问题并解决问题。课后通过实地考察、网络查询等方式对快递员的技能做进一步了解。		
第二阶段： 学习职业技能 （1 课时）	学生在制订计划、网上查询的基础上了解快递员所需的技能，在课上创设三个情境学习打包、分拣、派送的技能，以小组的形式进行模拟，结合三个评价表进行评议，交流学习所得，真正习得快递员所需的技能。		
第三阶段： 实地体验 （课外）	学生通过观察、采访、上网等多种渠道学习快递基础知识，了解快递行业后，走进快递公司营业网点进行参观。观察快递网点的几大功能区域及硬件设备，现场观看快递卸车分拣的环节，而后分组进行现场学习，体验包装、分拣、信息录入、派送等工作。要及时利用各种工具记录体验的过程和感受。		
第四阶段： 总结反思 （1 课时）	职业体验后，在汇报交流环节，让学生在课堂上进行打包、分拣、录入、派送等工作内容及职责的汇报，并让学生分享整个活动过程的经历及困惑，借鉴各小组成功经验，反思自己的不足，交流自己职业体验的感受。		

六、主题作业与拓展学习设计

“我是小小快递员”活动计划表

组长		组员	
体验地点		体验时间	
岗位名称	快递员		

续表

<table>
<tr><td>想体验的岗位任务</td><td colspan="2">快递收取□　　快递打包□　　快递分拣□
信息录入□　　快递派送□
（请在要体验的岗位任务后面的方框里打“√”，可多选）</td></tr>
<tr><td rowspan="2">准备工作</td><td>学会技能</td><td></td></tr>
<tr><td>其他</td><td></td></tr>
<tr><td>注意事项</td><td colspan="2"></td></tr>
<tr><td>预计成果</td><td colspan="2">□体验日记　　□PPT 展示　　□小品表演
□体验微视频　　□情景模拟　　□制作宣传海报
□研究报告　　□拍宣传片　　□其他</td></tr>
</table>

阶段评价表

<table>
<tr><th>项目</th><th>标准</th><th>评价</th></tr>
<tr><td rowspan="2">打包</td><td>采用的打包方式恰当。（5 颗星）</td><td></td></tr>
<tr><td>包装外观精美。（5 颗星）</td><td></td></tr>
<tr><td rowspan="4">分拣</td><td>轻拿轻放。（5 颗星）</td><td></td></tr>
<tr><td>区域分拣合理。（5 颗星）</td><td></td></tr>
<tr><td>快速、准确分拣。（5 颗星）</td><td></td></tr>
<tr><td>分工合作，团结协作。（5 颗星）</td><td></td></tr>
<tr><td rowspan="4">应变</td><td>沟通语言亲切、使用礼貌用语。（5 颗星）</td><td></td></tr>
<tr><td>思路清晰，逻辑清楚。（5 颗星）</td><td></td></tr>
<tr><td>合理解决问题，巧妙化解矛盾。（5 颗星）</td><td></td></tr>
<tr><td>双方达成共识。（5 颗星）</td><td></td></tr>
</table>

七、各阶段活动内容及教学设计

第一阶段：我是小小快递员——主题生成

内容分析：本课是“我是小小快递员”的起始课，属于主题生成和策划阶段。本阶段制订的体验计划对后续活动有很强的导向性。本阶段学生通过查阅资料、采访、实地考察、交流讨论等方式了解要体验的职业；依据自己的兴趣选择岗位，在现场模拟中体验注意事项，从而能有针对性地制订体验计划，为后续走进快递网点进行考察与体验做好准备。本阶段学生的方案制订能力、规划能力、思维全面性等都将得到不同程度的发展，问题解决能力也将在亲历实践中得到提升。

学情分析：五年级学生经历过多次实践探究活动，已具备一定的实践探究能力，对于上网调查、实地考察、亲身体验、采访等活动已积累一定的经验，并且随着心智发展，具备了一定的社会沟通能力，这些都有助于职业体验活动的顺利开展。

教学目标：

1. 通过调查、交流活动，对快递员工作形成一定的认识，了解快递员职业岗位的特点，体验快递员不怕辛苦又认真的态度，初步体悟快递员职业的社会价值，形成一定的职业认同感。

2. 通过制订岗位体验活动计划表，使逻辑思维能力、沟通合作能力、职业规划能力等获得一定的提升。

3. 在模拟体验的活动中，发现问题并尝试分析解决，提高自我反思及解决问题的能力，体会到快递员工作的多样性与复杂性。

重点难点：能根据小组的实际情况制订相适应的岗位体验活动计划，在模拟体验中发现问题并分析和解决问题，体会快递员工作的多样性与复杂性，感悟快递员职业的辛苦与社会价值，树立正确的职业观。

活动简要流程：

关键要素	环节	课堂主要活动	教师指导重点
主题生成	课前活动	布置学生调查快递员的工作内容。	课前调查的指导： 提供多种途径进行调查，如上网查资料、实地考察、访问等，并记录快递员的工作内容，注意信息的准确性和简洁性。
	一、创设情境，激发兴趣	1. 回顾上阶段活动，谈话导入：你对快递员的印象是什么？ 2. 播放视频《快递员的一天》，交流感受。	主题生成的指导： 1. 引导学生交流对快递员的印象，联结生活经验，梳理对快递员的初步认知，感受其工作的辛苦。 2. 通过观看视频了解快递员的工作内容，丰富认知，拓展思维，激发对快递员的体谅和尊重，体悟快递员职业的社会价值。
了解并选择岗位	二、了解岗位，选择任务	1. 结合视频和课前调查，汇报并梳理快递员的岗位职责。 2. 选择想体验的快递员岗位任务，并说明理由。	选择岗位的指导： 1. 引导学生说一说快递员的岗位职责。 2. 通过对话引导学生懂得依据自己比较擅长的方面选择想要体验的岗位任务，使学生明确选择岗位时要选择自己能做的任务。
制订岗前计划	三、制订计划，反思改进	1. 填写岗前活动计划，细化工作任务。 ①准备工作的内容。 ②小组成员要分工合作。 ③注意事项。 2. 汇报交流，反思改进。	制订计划的指导： 引导学生从准备工作、小组成员分工、注意事项等方面细化计划表中学生容易疑惑的任务。 汇报交流的指导： 引导学生敢于发言，勇于评价，提出意见：准备工作是否合理？交通工具是否可取？注意事项是否有价值？预计成果是否有可操作性？……

续表

关键要素	环节	课堂主要活动	教师指导重点
设计职业模拟情境	四、模拟体验，展示交流	1. 回忆日常生活中寄件的经历，观看收件视频，梳理快递员收件的流程。 2. 组员两两合作，模拟练习收件。 3. 学生上台展示交流，在互动评价中反思。	梳理收件流程的指导： 引导学生结合生活经验回忆寄件经历，并通过视频帮助学生梳理收件的流程。 模拟体验活动指导： 1. 模拟前思考上门收件分几个步骤，要对客人怎么说。 2. 小组成员选择和使用快递工具时要互相礼让。 3. 模拟时尽量注意音量。 展示交流的指导： 1. 引导学生结合板书进行评价，可以说优缺点或提出建议。 2. 注意听取展示同学的想法。
反思总结	五、小结活动，布置任务	1. 梳理小结。 2. 布置任务。	布置任务的指导： 引导学生通过多种途径进一步搜集快递员岗位技能的知识，并注意组员之间信息的分享和整理。

板书设计：

我是小小快递员

收件　打包　分拣　录入　派送

上门

验视

（包装）

计费

贴单

道别

第二阶段：我是小小快递员——学习技能

内容分析：本课是“我是小小快递员”职业体验活动的学习技能阶段，在学生经历了课前调查、制订计划、实地考察等一系列活动的基础上进行技能的学习和模拟，旨在通过情境模拟引导学生学习打包、分拣、派送的技能。在评价交流中，共享学习所得，促进学生对岗位技能的进一步了解和学习，为下一阶段实地岗位体验打下良好的基础。在本阶段中，培养学生发现和解决问题的能力、团队合作能力、表达和倾听的能力，形成初步的快递员职业观念。

学情分析：在第一阶段的学习中，学生对快递员的岗位职责有了一定的了解，制订了各小组的岗位体验计划，对快递员所需的岗位技能有了一定的了解。教师创设三个模拟情境，让学生学习打包、分拣、派送的技能，并在交流评议中反思和改进，为下一阶段的实地体验作好准备。

教学目标：

1. 通过情境模拟、交流互动，学习快递员岗位所需的技能。

2. 通过情境模拟，提高学生表达与倾听能力、团队合作能力，并能结合自己的体验与感受恰当地评价他人与自我的表现，促进反思能力的提升。

3. 在学习技能的过程中，感受快递员劳动的艰辛与价值，形成尊重快递员工作的意识。

重点难点：通过情境模拟演练，学生学习快递员打包、分拣、派送的技能，养成发现问题并学会解决问题的能力，体会快递员的职业精神。

活动简要流程：

关键要素	环节	主要活动	教师指导重点
创设职业情境	一、交流导入	1. 教师回顾上一阶段的学习情况。 2. 师生交流对话，发现打包的不同方式。	交流导入的指导： 引导学生在交流中发现打包有多种方式，要根据物品选择不同的打包方式，从而引出技能的学习。

续表

关键要素	环节	主要活动	教师指导重点
	二、学习技能	打包大作战： 1. 物品分类。 2. 选择材料和工具。 3. 播放视频，梳理打包方法。 4. 模拟打包。	学习打包技能的指导： 引导学生根据物品的类别选择合适的打包材料和工具，通过视频梳理打包的方法。提供不同物品，让学生模拟选择材料和工具、给物品打包。
		分拣大比拼： 1. 交流、梳理分拣注意事项。 2. 模拟分拣，考核官根据评价表进行评价。	学习分拣技能的指导： 通过对话引导学生交流、梳理分拣的注意事项，在模拟环节选出考核官，根据评价表对各小组进行评价，引导学生发现问题并尝试提出解决问题的方法。
		派送大考验： 1. 了解派送基本流程。 2. 假设所遇考验。 3. 小组讨论情境。 4. 模拟连线派送。	学习派送技能的指导： 引导学生了解派送的基本流程，联系生活实际假设遇到的考验，小组讨论并模拟电话连线客户进行派送，让学生认真观察，发现问题，共享体验所得。
总结反思	三、总结交流	1. 交流活动感受。 2. 教师总结，布置下一阶段任务。	总结交流的指导： 引导学生通过交流活动感受来体会快递员的辛苦和价值，明白快递员是值得尊重的，期待下一阶段的实地岗位体验。

板书设计：

我是小小快递员

收件打包	**物品加固**	**箱底包装**	**箱内填充**	**十字交叉**	**外观精美**	值得尊重
分拣	轻拿轻放	区域分明	快速准确	团结协作	细心	
录入						
派送	文明用语	思路清晰	巧妙化解	达成共识	应变	

第三阶段：汇报交流

内容分析：本课是“我是小小快递员”职业体验活动的总结交流、评价反思阶段。在学生经历了课前调查、制订方案、实地考察、亲身体验、整理分析等一系列活动后，采用模拟演练的方式进行汇报交流，旨在通过情境模拟，引导学生展示完整的快递派送过程。在评价交流中，共享体验所得，促进学生进一步了解快递员的岗位职责，感知快递员这个职业蕴含的社会价值。最后关注活动经验的反思，引导学生积累经验。在本阶段中，学生们的勤于反思、劳动意识、社会责任等核心素养得到一定程度的发展。

学情分析：在前期活动策划、走进快递营业网点采访、真实体验等活动中，学生对快递员的岗位、职责、技能有了一定的了解，有许多收获。五年级学生对于活动汇报已有一定的经验，各组基本能自主筛选各自的活动过程材料，选择汇报形式，运用 PPT、图片解说、口头介绍、海报等形式来进行汇报。但还没有经历过模拟演练、情境汇报等形式，因此这方面的经验比较缺少。

教学目标：

1. 通过情境模拟、交流互动，展示与分享对快递员岗位职责、岗位要求的了解，对快递员职业形成较为全面的认识。

2. 通过展示汇报活动，提高表达与倾听能力、团队合作能力，并能结合自己的体验与感受恰当地评价他人与自我的表现，促进反思能力的提升。

3. 在职业体验过程中，体验岗位演练带来的成就感，感受快递员劳动的艰辛与价值，形成尊重快递员工作的意识。

重点难点：通过情境模拟演练，使学生熟悉快递员的工作内容，了解职责和要求，养成乐于交流、勇于展示、善于反思的能力，体会快递员的职业精神。

活动简要流程：

关键要素	环节	主要活动	教师指导重点
前期回顾	观看影集，引入活动	1. 观看前期活动的影集。 2. 激起回忆，引入活动。	引入活动的指导： 通过播放前期活动影集，引起学生的共鸣，引发分享汇报的欲望。
展示汇报	展示成果，交流汇报	1. 各小组介绍演练的岗位内容。 2. 师生交流、评议。	岗位汇报的指导： 从内容、职责等方面进行汇报，根据各小组的实际情况灵活选用汇报方式。
总结反思	总结反思，获取经验	1. 回顾整个职业体验的过程，谈一谈有哪些收获。 2. 撰写心得体会。	总结活动的指导： 引导学生回顾整个职业体验的过程并交流反思：你从体验过程中学到了什么？遇到哪些困难？如何解决的？这次活动对下一次职业体验有哪些启发？从这几个方面展开交流，总结提炼活动经验，为下一次职业体验积累经验。

板书设计：

我是小小快递员——汇报交流

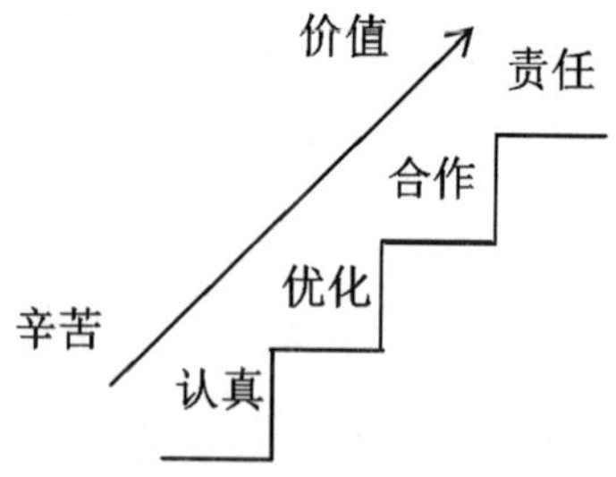

第五节　多种活动方式融合实施

一、实施依据

综合实践活动课程的性质决定了学生活动方式的融合性。综合实践活动是学生在生活情境中发现问题并转化为活动主题，通过探究、服务、制作和体验等方式，培养学生综合素质的跨学科实践性课程。2022年版义务教育课程方案更是强调综合实践活动课程应侧重跨学科研究性学习和社会实践。因此，开展多种活动方式融合的跨学科主题实践活动是综合实践活动课程的必然选择。

二、实施目标

综合实践活动课程作为活动课程，应注重通过扎实的实践过程和灵活的活动方式获得各方面的发展。其课程内容来源于学生的学习生活和社会生活，可以是单一学科或多学科交叉融合，也可以是操作实践或理论研究。综合实践活动主题的多样性决定了活动方式的多元化，这就要求教师准确把握活动目标，对整个活动过程进行缜密设计。

《纲要》就综合实践活动的课程目标做了详细阐释，分为价值体认、责任担当、问题解决和创意物化四个主要维度。从其表述可以看出，综合实践活动目标所包含的内容是多方面的，其所指向的学生素养也是多维度的。价值体认、责任担当更多反映的是学生对活动主题的功能和意义的认识，而问题解决和创意物化则主要指向课题研究能力和动手实践能力的获得。因此，综合实践活动应该根据这两种不同类型素养的特点来选择合适的教育载体，实现其育人目标。

任何综合实践活动目标的达成都不是一蹴而就的，不论是观念意识层面的观念性素养，还是能力水平层面的实践性素养，都需要教师根据学生本身的条件和发展需要设定具体活动目标，根据学生的兴趣和能力选定活动内容和方式，分阶段解决这些由一定逻辑关系关联的具体活动中的问题。

三、具体实施流程

在活动实施过程中，综合实践活动的考察探究、社会服务、设计制作和职业体验这四种活动方式，既可以独立实施，也可以交叉和重叠。许多一线教师在设计活动的时候，会以某一种活动方式为主，融合多种方式，让学生经历多元的活动历程。接下来分享“走进开元寺”活动案例，大家一起来思考：这个案例综合了哪些活动方式？它是如何让学生体验和经历多样化的活动方式的？

泉州市山清水秀、历史悠久，拥有诸多优秀传统文化与人文生态等研学实践教育资源，可以开展形式多样的主题实践活动。在“走进开元寺”主题活动中，教师设置了两个小主题，以考察探究类的“开元寺研学之旅”和社会服务类的“小导游带你游开元寺”为主，以设计制作类“开元寺旅游攻略我来做”为辅，兼顾职业体验类活动，同时还融合了语文、美术、劳动、信息技术、数学等学科知识，是一个典型的跨学科主题活动。

（一）主题一“开元寺研学之旅”实施过程

1. 活动准备阶段

活动一开始，教师调查学生对研学地点开元寺周边景点的了解情况：你们知道开元寺在哪里吗？去过开元寺吗？对于开元寺你都知道些什么？开元寺周边有哪些景点？一系列问题拉近学生与开元寺的距离，激发学生研学兴趣。接着请学生观看视频，并提出要求：认真看视频，并说一说视频短片中介绍了开元寺的哪些景物，你对哪些景物比较感兴趣。在交流中丰富学生认知。随后出示开元寺平面图，请学生找出图中还有几处景点是短片中没有介绍的，丰富研学内容。教师再引导学生依据兴趣从众多景点中选择想进一步探究的景点，激发学生研学热情。各小组再依据研学时间确定小组共同的研学景点，最后用少数服从多数的方法形成班级共同研学的景点。接着综合考虑合理性，比如距离近、景点集中、节约时间等因素，安排行程，规划路线。最后共同商议制订班级研学方案。引导学生思考：除了考虑研学景点和研学路线，还要准备哪些物品？考虑哪些内容？在你说我说的互相补充中，引导学生注意安全、文明有礼、讲究卫生，做个有修养的游客。

解决了上述问题后，进一步指导学生在班级研学方案的基础上，从人员分工、工具选择和注意事项等方面完成小组研学方案，提升学生批判质疑能力和组织策划能力，获取小组合作学习的愉悦体验。

2. 活动实施阶段

学生利用课外时间，根据小组研学方案走进开元寺开展实地研学考察。学生们在开元寺游客服务中心服务员的讲解下，开阔眼界，提高审美能力；通过记录、拍摄等方法收集资料，有顺序地对资料进行编辑、分类、筛选，进一步了解开元寺的历史和文化，完成了此次研学任务。通过此次活动，学生对开元寺所在的泉州西街的历史文化有了进一步了解，增强了学生热爱家乡、热爱祖国的情感。

然后学生回到课堂，通过交流、自评，发现本组做得好与不够好的地方，在交流、互评中梳理研学考察活动中出现的问题。老师引导，抛出问题，让学生结合老师提供的建议，提出解决的办法。接着通过讨论确定展示汇报的评价标准与展示方案，特别是对于细化展示汇报的内容、选择重点内容及合理安排时间进行详细规划，为各个小组的汇报展示做好充分准备。课外，学生根据成果展示方案，利用多媒体制作 PPT、美篇、小视频等。

3. 活动总结阶段

在学生按照各小组细化的活动方案对开元寺开展采访、实地考察、实验研究或上网查询等研学考察活动之后，开展成果分享活动。课堂上，教师先引导学生回顾前期活动，交流遇到的问题及解决办法，然后出示成果分享要求；通过解析分享汇报的要求，帮助学生梳理要点，明确要求。接着引导各组学生进行研学成果的交流汇报，把自己认为最值得讲的内容汇报给全班同学，同时引导其他同学就汇报内容发表意见，提出疑问或做补充。在分享汇报过程中，教师密切关注各组的汇报情况，并根据学生的汇报组织学生交流：汇报小组有哪些经验或方法值得我们学习和借鉴？在研学时有什么要注意的地方？有遇到过什么难题吗？是怎么解决的？研学成果是怎么集中汇总的？其他同学有没有什么疑惑和建议？教师引导学生通过交流提炼出研学方法。活动采用擂台赛的形式，以学生交流探讨为主，教师起到引导、穿针引线的作用。学生通过调查访问、实地考察、去图书馆查找资料、从网上搜集资料等方法收集信息，为同学们展示了考察探究到的内容，让老师和其他同学耳目一新。学生在倾听与观察、反思与评价中获取更多信息，学习和借鉴更多经验和方法。同时，学生展示自己在研学中了解到的信息、收集到的图片以及精心制作的课件，特别有成就感。最后，教师组织学生依据评价标准进行互评，教师也对活动进行总结，并布置下阶段活动任务：课后结合评价表，对这次研学活动进行评价，并进行二次研学。

4. 成果应用阶段

为了让学生的考察更加深入，提高对开元寺的认识，增强社会责任感，在学生已有考察探究经验的基础上，拓展组织了“开元寺旅游攻略我来做”主题活动。引导学生通过行程策划、经费预算及海报制作等活动来不断完善优化开元寺旅游攻略。各小组通过核心问题的驱动，讨论交流，运用数学、美术、科学等相关知识来解决设计旅游攻略时出现的各种问题。通过观察、对比、分析与交流，初步形成服务社会与他人的意识，培养关爱他人、乐于奉献的精神和社会责任感，深化活动主题。

课堂上，播放电视台采访开元寺游客的视频，引导学生畅谈感受：作为小主人，我们能为游客做些什么呢？在交流讨论中产生做旅游攻略的想法，生成主题。通过创设情境，激发学生为传播家乡文化贡献力量的欲望和身为泉州人的自豪感。接着通过看图片、师生对话等方式，引导学生了解旅游攻略的内容及宣传形式。通过师生交流讨论，梳理旅游攻略的制作方法，教师引导各小组根据兴趣及能力选择海报、传单、朋友圈、手账、折页等旅游攻略制作及宣传的方法。引导学生合作探究，根据研学行程图制作行程策划表。小组围绕问题讨论：我们做旅游攻略时应该为游客考虑哪些行程问题？如果将毗邻的西街作为后续旅游景点，如何制作一张行程策划表呢？引导学生根据课前查询到的有关交通、住宿、门票等费用情况，围绕两个核心问题制作本次行程消费预算表：经费预算主要包括哪几个方面的费用？如何制作一张经费预算表？同时指导各小组综合考虑行程安排、经费预算的探究成果，运用地图、书籍、网络等工具现场设计制作旅游攻略图，然后指导学生将旅游攻略图绘制成海报。在各小组展示分享作品环节，教师引导学生根据评价标准进行交流评价，提高审美水平，调动学生学习热情。接着引导学生观看旅游攻略的其他表现形式，了解新技术支持下的旅游服务，激发学生的创新精神。最后引导学生反思活动的收获与感受，提升自我反思能力，增强发展家乡文化的责任意识。

（二）主题二“小导游带你游开元寺”实施过程

综合实践活动课程的实施注重开放生成，鼓励学生从自身成长需要出发选择活动主题。在主动参与实践的过程中，随着活动不断展开，可根据实际需要对活动的目标与内容、组织与方法、过程与步骤等做出动态调整，使活动不断深化。根据课程的这一基本理念，教师在学生经历考察探究获得成果之后，又组织开展了“小导游带你游开元寺”主题实践活动。

1. 活动准备阶段

本阶段教学分为两课时。

第一课时，首先明确服务对象与服务需要，制订服务活动计划。教师播放泉州申遗成功的视频后，学生畅谈感受，激发学生成为小导游、传播家乡文化的欲望。然后通过师生交流引导学生明确服务的对象，结合开元寺景点图片，确定服务内容。接着借助调查统计表，让学生分析游客集中的时间段，确定服务方式。又通过师生交流，明确开展服务前需要做的准备。小组合作讨论制订服务计划，并在展示、交流与点评中完善服务计划。最后教师总结并布置课后任务：各小组根据服务计划收集整理前期研学考察获得的资料，撰写导游词，为下一阶段的活动做好准备。

第二课时，学习服务技能。活动一开始，教师与学生亲切交流，一起回顾上节课内容，让学生明确本节课活动任务。然后在交流讨论中，让学生明白一份好的导游词必须符合内容准确、语言生动、条理清楚和口语化等要求，并以其中一份导游词为例，在小组里讨论修改方法。接下来学生动手修改自己的导游词并交流展示，教师在层层递进的指导中引导学生修改导游词。接着通过教师示范、小组合作练习、模拟情境演示等各种形式，训练学生初步掌握导游讲解技巧：语言流利，声音响亮，仪态大方，与游客互动交流。培养学生爱乡之情和保护家乡、传承传统文化的责任担当。最后引导学生在反思活动收获与感受中，产生新的问题，为后续活动做好铺垫。

本阶段教学注重学科融合，巧妙运用语文、音乐学科知识解决问题，引导学生有条理地写导游词，声音响亮地说导游词，培养学生语言表达能力、人际交往能力。同时巧用评价方式，以“学习星、智慧星、团结星”三星评选方式贯穿课堂始终，极大地激发了学生的学习热情。教学环节层层递进，从撰写导游词到练习讲解，从易到难，促进学生深入了解开元寺，切实提高小导游技巧，能真正解决生活中的问题。

2. 活动实施阶段

有了详细的服务计划，练好了服务技能，接下来就可以具体实施了。课后，学生到开元寺参加由教师和学生代表组成的考核组的实地考核。通过考核取得学校颁发的小导游上岗证后，学生才能根据服务计划，以小组为单位，利用周末时间开展小导游志愿服务活动。学生每次讲解完，就以集赞的方式请游客如实评价，以反馈活动效果。学校根据学生集赞数量评选出“最佳小导游”若干名，颁发奖状，以资鼓励。

3. 活动总结阶段

活动进入到总结阶段，教师先播放小视频，帮助学生回顾志愿服务各个阶段的活动过程，引导各小组学生讲述在志愿服务过程中的故事，可以是如何齐心协力为散客介绍开元寺，获得游客好评；也可以是遇到挫折，努力克服，最终取得成功。接着在各小组总结导游讲解的小妙招环节，教师指导学生将自己的实践经验以简洁明了的文字形式提炼出来，并选择优秀经验写在A4纸上做成小锦囊供大家学习。然后出示评价表，师生一起解读评价标准，并进行公平合理的评价。最后教师设计梯度作业进行拓展延伸，让学生根据自己的实际情况选一项来完成，学生也在活动中学会运用习得的能力。

附：

“走进开元寺”综合实践活动方案

一、主题说明

泉州开元寺是我国东南沿海重要的文物古迹，坐落于西隅中心学校附近，是全国重点文物保护单位。2018 年 7 月，开元寺入选泉州市级中小学生研学实践教育基地。2020 年 7 月 25 日，泉州申遗成功，开元寺作为泉州 22 个申遗点之一，更是吸引了大量海内外游客前来参观游玩。泉州开元寺的优秀传统文化与人文生态等研学实践教育资源丰富，能满足学生不同的研学实践教育需求。因此，我们组织学生开展了主题为“走进开元寺”的主题实践活动。

本主题兼容考察探究、设计制作和社会服务三种活动方式，旨在通过引导学生策划行前方案，培养批判质疑的科学精神，提升问题解决的能力；在实地研学考察中，运用各种方法了解开元寺，培养勇于探究的科学精神，培植人文情怀；实地考察后及时交流、反思考察收获，尝试运用现代媒体技术展示研学成果，提升技术运用能力；组织学生为游客制作旅游攻略，增强责任意识和使命感；开展“小导游带你游开元寺”社会服务活动，培养服务意识，提高解决问题的能力。整个活动融合语文、信息技术、美术、劳动、数学等学科知识，注重多元评价，有效培养学生团结协作的习惯和解决问题的能力，以及热爱家乡文化，保护、宣传家乡文化的责任担当。

二、活动总目标

1. 通过研学实践活动，了解泉州开元寺的历史、建筑与人文之美，获得愉悦的考察体验，激发学生热爱家乡、热爱海丝文化的情感。

2. 在研学实践活动中发现并提出问题，学习运用观察、访问、实验等方法，多渠道获取证据，分析并尝试解决问题，培养问题解决能力，增强团结协作精神。

3. 通过主动分享探究成果，提高表达沟通能力，体味开元寺的历史文化价值，产生传承和保护家乡文化的意愿，增强责任意识和使命感。

4. 能掌握导游讲解基本技巧，主动利用课余时间到开元寺义务为游客讲解，产生保护家乡、宣传家乡的责任感。

5. 通过带游客游览开元寺的社会服务活动，提高学生运用生活经验和学习所得解决问题的能力，培养学生的活动策划能力、人际交往能力和小组合作能力。

三、活动对象：五年级学生

四、所需时长：课内 7 课时＋课外

五、整体活动规划

<table>
<tr><th colspan="2">内容及课时建议</th><th>活动规划</th></tr>
<tr><td rowspan="4">主题一：开元寺研学之旅（课内 4 课时＋课外）</td><td>第一阶段：
主题生成，策划方案
（课内 1 课时＋课外）</td><td>创设情境，激发研学兴趣。播放视频，梳理景点，确定研学景点和研学线路。制订班级研学方案和小组研学方案。</td></tr>
<tr><td rowspan="2">第二阶段：
实地考察，中期汇报
（课内 1 课时＋课外）</td><td>课外，学生根据研学方案开展实地考察，通过记录、拍摄等方法收集资料，完成实地考察记录表。</td></tr>
<tr><td>课内，学生一起梳理实地考察资料，发现并提出问题，在交流讨论中寻求解决办法；全班合作确定小组展示评价标准，选择符合小组调查内容和小组同学能力水平的展示方式，并完成成果展示计划表。
课外，学生根据成果展示计划表，利用多媒体制作 PPT、美篇、手抄报、小视频等。</td></tr>
<tr><td>第三阶段：
行后展示，成果交流
（课内 1 课时＋课外）</td><td>回顾活动，交流问题及解决办法。明确成果分享要求。各组进行研学成果的交流汇报，其他同学依据标准进行互评，在倾听与观察、反思与评价中获取信息，学习和借鉴他人的经验和方法。
课后结合评价表，对这次研学活动进行评价，并进行二次研学。</td></tr>
</table>

续表

<table>
<tr><th colspan="2">内容及课时建议</th><th>活动规划</th></tr>
<tr><td></td><td>第四阶段：
成果应用
（课内 1 课时＋课外）</td><td>在学生已有开元寺研学经验基础上，为游客制作旅游攻略。通过行程策划、经费预算及海报制作等环节不断完善优化开元寺旅游攻略；通过核心问题的驱动，讨论交流，充分运用数学、美术、科学等相关知识来解决制作旅游攻略时出现的各种问题。</td></tr>
<tr><td rowspan="4">主题二：小导游带你游开元寺（课内 3 课时＋课外）
＊此阶段亦可以开展其他职业体验活动</td><td rowspan="2">第一阶段：
主题生成，
制订计划，
学习技能
（课内 2 课时＋课外）</td><td>泉州申遗成功视频导入，激发学生自豪感，揭示主题。了解游客的导游需求，制订服务计划，并在交流展示、评价反思中完善计划。
课后撰写导游词，为后续活动做好准备。</td></tr>
<tr><td>修改导游词；小组合作，反复练习讲解技巧。理解导游词中的建筑术语，探究开元寺的建筑特色、历史文化背景。
课后到开元寺经由教师和学生代表组成的考核组实地考核过关，方能持证上岗。</td></tr>
<tr><td>第二阶段：
实地开展服务
（课外）</td><td>学生根据服务计划，学习技能后定点定时开展导游服务。讲解完，请游客如实评价，反馈活动效果。评选出“最佳小导游”若干名，颁发奖状。</td></tr>
<tr><td>第三阶段：
反思交流，
互动评价
（课内 1 课时＋课外）</td><td>学生开展服务后撰写心得体会，课上视频展示学生导游服务的过程，交流分享参与服务活动的收获与反思。多元评价学生参与整个活动的表现。
课后到作业超市选择一样活动进行拓展延伸。</td></tr>
</table>

六、主题作业与拓展学习设计

______研学之旅选景单

第______小组选择的景点	
①	
②	
③	

续表

（此表在主题一的第一阶段使用）

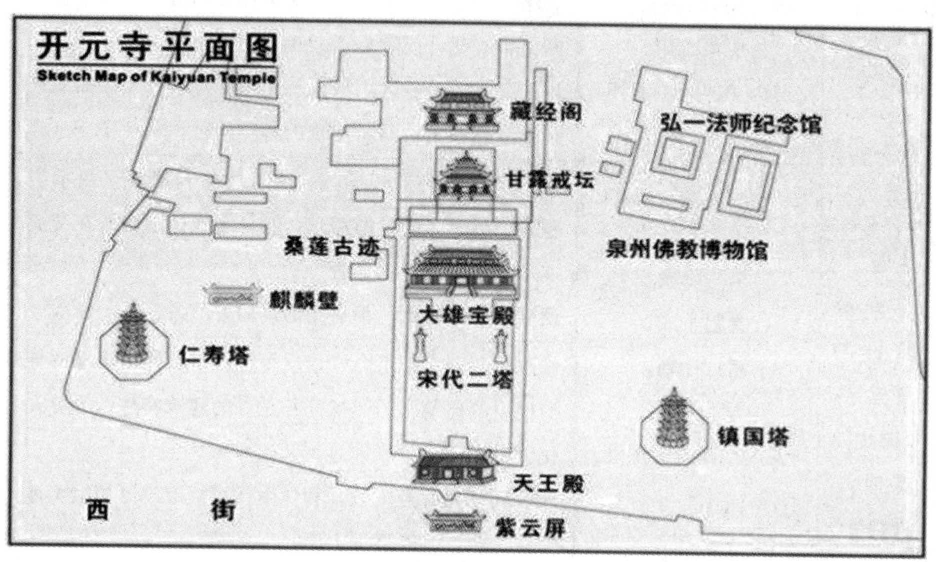

开元寺平面图

（此图在主题一的第一阶段使用）

________小组研学方案

组长		组员		
研学时间		出行方式		
研学景点				
研究问题		研究方法	所需工具	负责人

续表

可能遇到的问题		解决的办法
物品准备		
注意事项		

（此表在主题一的第一阶段使用）

“开元寺研学之旅”实地考察记录表

考察地点		考察日期	
第（　　）组	出行人员（号数）		
考察问题及结论	问题 1： 考察结论：		
	问题 2： 考察结论：		
	问题 3： 考察结论：		
考察时遇到的问题			
解决办法			

（此表用于主题一第二阶段）

“开元寺研学之旅”实地考察小组自评表

评价项目	评价标准（在星星处直接打√）	第（　　）组
参与态度	积极投入到实地考察活动中，认真配合。	☆☆☆☆
完成情况	完成一个问题就得一颗星。	☆☆☆☆
完成质量	1. 研究的问题有深度。	☆☆☆☆
	2. 解决问题方式多样。	☆☆☆☆
各组合计获星数		（　　）颗
评价人		

（此表用于主题一第二阶段课内）

“开元寺研学之旅”成果展示计划表

<table>
<tr><td>展示汇报的小组</td><td></td><td>组长</td><td></td></tr>
<tr><td>组员（号数）</td><td colspan="3"></td></tr>
<tr><td>展示汇报方式</td><td colspan="3">□微视频 □PPT 展示 □小品表演 □讲故事 □思维导图
□画展 □拍宣传片 □美篇 □宣传海报
□电子手抄报 □其他：</td></tr>
<tr><td>展示汇报内容（3 分钟）</td><td>①
②
③
④</td><td>时长安排</td><td></td></tr>
</table>

（此表用于主题一第二阶段课内）

“开元寺研学之旅”成果展示评价表

<table>
<tr><th rowspan="2">评价项目</th><th rowspan="2">评价标准（做到一条就获得一颗星，在星星处直接打√）</th><th colspan="7">组别</th></tr>
<tr><th>1</th><th>2</th><th>3</th><th>4</th><th>5</th><th>6</th><th>7</th></tr>
<tr><td rowspan="2">方法多样</td><td>1. 能讲清调查中选择了哪些研究方法。</td><td>☆</td><td>☆</td><td>☆</td><td>☆</td><td>☆</td><td>☆</td><td>☆</td></tr>
<tr><td>2. 研究方法多样，至少两种。</td><td>☆</td><td>☆</td><td>☆</td><td>☆</td><td>☆</td><td>☆</td><td>☆</td></tr>
<tr><td rowspan="2">内容充实</td><td>1. 展示内容全面，包含多个方面。</td><td>☆</td><td>☆</td><td>☆</td><td>☆</td><td>☆</td><td>☆</td><td>☆</td></tr>
<tr><td>2. 内容富有代表性，能突出开元寺的特色。</td><td>☆</td><td>☆</td><td>☆</td><td>☆</td><td>☆</td><td>☆</td><td>☆</td></tr>
<tr><td rowspan="3">效果良好</td><td>1. 形式独特新颖，能有效突出展示内容。</td><td>☆</td><td>☆</td><td>☆</td><td>☆</td><td>☆</td><td>☆</td><td>☆</td></tr>
<tr><td>2. 汇报思路清晰，语言流利，声音响亮。</td><td>☆</td><td>☆</td><td>☆</td><td>☆</td><td>☆</td><td>☆</td><td>☆</td></tr>
<tr><td>3. 仪态大方，多媒体或工具操作熟练。</td><td>☆</td><td>☆</td><td>☆</td><td>☆</td><td>☆</td><td>☆</td><td>☆</td></tr>
</table>

续表

评价项目	评价标准（做到一条就获得一颗星，在星星处直接打√）	组别						
		1	2	3	4	5	6	7
时长恰当	时间把握得当，控制在 3 分钟左右。	☆	☆	☆	☆	☆	☆	☆
各组合计获星数								
评价人								

（此表用于主题一第三阶段课内）

“开元寺旅游攻略我来做”________小组学习单

行程安排		
经费预算		人数：2 大 1 小
交通费		
住宿费		
景点费用		
餐饮费用		
其他		
合计		

（此表在主题一的第三阶段使用）

“小导游带你游开元寺”服务活动计划表

服务小组	第（ ）小组	服务地点	
服务方式			
服务内容	介绍讲解开元寺的____________________		
活动步骤			

续表

小组分工	成员	任务
注意事项		

（此表在主题二的第一阶段使用）

“小导游带你游开元寺”评价表

<table>
<tr><th>评价指标</th><th colspan="3">评价标准</th><th>自评</th><th>组评</th><th>师评</th></tr>
<tr><td rowspan="5">服务准备</td><td colspan="3">1. 积极分发调查问卷。</td><td></td><td></td><td></td></tr>
<tr><td colspan="3">2. 能够从调查问卷中获取关键信息。</td><td></td><td></td><td></td></tr>
<tr><td colspan="3">3. 积极参与制订服务计划。</td><td></td><td></td><td></td></tr>
<tr><td colspan="3">4. 明确服务景点、服务对象。</td><td></td><td></td><td></td></tr>
<tr><td colspan="3">5. 小组成员分工明确。</td><td></td><td></td><td></td></tr>
<tr><td rowspan="11">服务过程</td><td rowspan="4">参与态度</td><td colspan="2">1. 认真收集整理资料，撰写导游词。</td><td></td><td></td><td></td></tr>
<tr><td colspan="2">2. 勤加练习讲解技巧，提高导游效果。</td><td></td><td></td><td></td></tr>
<tr><td colspan="2">3. 积极主动参加志愿服务活动。</td><td></td><td></td><td></td></tr>
<tr><td colspan="2">4. 出现问题时，能想办法解决。</td><td></td><td></td><td></td></tr>
<tr><td rowspan="4">合作交流</td><td colspan="2">1. 积极和组员配合，完成小组任务。</td><td></td><td></td><td></td></tr>
<tr><td colspan="2">2. 认真倾听组员的观点和意见。</td><td></td><td></td><td></td></tr>
<tr><td colspan="2">3. 主动帮助有困难的小组成员。</td><td></td><td></td><td></td></tr>
<tr><td colspan="2">4. 认真对待游客的评价，不断提高服务技能。</td><td></td><td></td><td></td></tr>
<tr><td rowspan="3">服务活动</td><td rowspan="3">小导游</td><td>1. 讲解过程全程脱稿，声音响亮，语言流利。</td><td></td><td></td><td></td></tr>
<tr><td>2. 介绍景点抓住特点，条理清晰；讲述的传说故事情节生动，语言幽默。</td><td></td><td></td><td></td></tr>
<tr><td>3. 遵守公共秩序，志愿讲解，文明有礼。</td><td></td><td></td><td></td></tr>
</table>

续表

<table>
<tr><th>评价指标</th><th colspan="3">评价标准</th><th>自评</th><th>组评</th><th>师评</th></tr>
<tr><td rowspan="2"></td><td rowspan="2"></td><td rowspan="2">非小导游</td><td>1. 认真倾听讲解。</td><td></td><td></td><td></td></tr>
<tr><td>2. 拍摄活动过程，做好记录。</td><td></td><td></td><td></td></tr>
<tr><td rowspan="2">服务效果</td><td colspan="3">1. 认真撰写服务活动心得，总结活动经验。</td><td></td><td></td><td></td></tr>
<tr><td colspan="3">2. 熟练掌握讲解技巧，获得游客好评。</td><td></td><td></td><td></td></tr>
<tr><td colspan="4">总评</td><td colspan="3"></td></tr>
</table>

（此表在主题二的第三阶段使用）

备注：每项最多3颗星。优：3颗；良：2颗；合格：1颗。

30～40颗星，获得“开元寺小小讲解员”称号。

41～50颗星，获得“开元寺特邀讲解员”称号。

51～60颗星，获得“泉州家乡文化大使”称号。

七、特色学习资源分析、技术手段应用说明

主题一：

在整个活动开展前，教师使用EV录屏软件、Adobe Premiere Pro软件、抖音小视频软件、绘声绘影软件制作了开元寺的介绍小视频，作为微课在课堂上使用。在活动中，灵活运用多媒体软件，引导学生观看图片、视频等资料，并通过希沃软件向学生展示开元寺的风貌。教师利用剪映等软件制作学生在研学考察探究活动中的剪影，以唤起学生的记忆，帮助学生交流感受与收获，提升学生对开元寺的认知。在指导制作旅游攻略时，教师充分利用希沃的手机拍照功能，展示旅游攻略制作成果，便于学生交流讨论，为课堂的教学提质增效。

主题二：

用上述软件制作泉州申遗成功的视频用于课堂导入，激发学生成为志愿小导游、传播家乡文化的兴趣。用问卷星设计调查问卷，促使学生更好地了解开元寺游客的情况，以制订合理的服务计划。课堂上，用希沃软件展示学生撰写的导游词，进行修改、展示，为接下来的实地讲解做好准备。制作点赞板，积攒游客对志愿服务点赞量，评出“最佳小导游”若干名，颁发奖状，

以此激励学生积极参与社会服务活动。

八、分阶段活动内容及教学设计

（一）开元寺研学之旅

第一阶段：主题生成，策划方案

内容分析：本阶段为考察探究领域研学旅行类活动的主题生成、确定方案课，主要活动内容包括：生成活动主题；确定景点、规划线路、确定研学时间，提出对开元寺感兴趣的问题，确定研学内容；依据问题选择合适的方法和工具，并进行任务分工，完成活动方案。

学情分析：五年级学生已经掌握活动方案各项要素的确定方法，会填写活动策划表。大部分学生有一定的搜集、筛选和处理信息的能力，对于整合、分类后的研究问题兴趣浓厚。但学生对研学考察的时长、景点选择、研学路线及行前准备和注意事项等相关问题还是不大了解。为了后续研学活动的顺利进行，要把握住正确导向，引导学生制订高质量的研学方案。

教学目标：

1. 能根据研学时长、研学景点合理规划研学路线。

2. 学会考虑行前准备的各种问题，学习细化问题的方法，制订合理可行的小组研学方案。

3. 在活动过程中，依据问题选择方法、选择合适的工具，并进行任务分工，提升组织策划能力，增强问题意识，提升解决问题的能力，获取小组合作学习的愉悦体验。

重点难点：

1. 重点：根据研学时长、研学景点规划研学路线，将研究内容进行细化，分解成研究问题，制订合理的小组研学方案。

2. 难点：分析研学路线的合理性；根据研究问题确定研究方法、选择研究工具，并进行具体分工。

课前准备：课件、景点表格、景区图、小组研学方案、红笔。

活动简要流程：

关键要素	环节	课堂主要活动	教师指导重点
提出问题	一、创设情境，激发兴趣	1. 调查学生对开元寺的了解情况。 2. 播放介绍开元寺的视频，丰富学生的认知。 3. 观察地图，了解景点。	激发研学兴趣的指导： 引导学生观看视频，畅谈感受，观察地图，激发学生研学探究、传播家乡文化的热情，明确研学目的。
设计路线	二、确定景点，规划路线	1. 交流讨论，商议选定班级共同的研学景点。 2. 规划路线，描绘路线。	确定景点、规划路线的指导： 1. 引导学生观察景区分布图，选择合适的研学景点。 2. 设计研学路线要避免重复，尽量减短时间。
制订研学方案	三、制订方案，明确任务	1. 小组交流，细化研究问题： ①围绕景点，说说想研究什么内容。 ②了解该内容的具体信息。 ③各个小组集思广益，将提出的问题进行分类整合。思考：此问题是否有必要进行研究？ ④汇报交流，修改问题。 2. 小组讨论：用什么方法解决小组确定的研学问题？ 预设：用采访和做实验的方法验证菩提树叶不沾染灰尘的传说。 ①联系学生生活经验，分享方法：开元寺有很多历史文化资料，需要我们用什么方法去探访和发现？	提出研究问题的指导： 1. 指导学生围绕主题明确活动内容，发散学生思维，提出问题。 2. 指导学生从必要性、价值性和针对性等方面对问题进行判断，帮助学生明确提问题的方法。 研学方法、工具选择和任务分工的指导： 1. 引导学生根据问题选择可操作的研学方法。 2. 引导学生根据选择的方法确定工具，鼓励运用现代媒体技术记录研学所得。 3. 引导学生依据组员的能力、兴趣或特长进行任务分工。

续表

关键要素	环节	课堂主要活动	教师指导重点
		②模拟实践，指导采访方法。 3. 填写表格，形成方案。 ①辨析任务分工是否合理，商讨应准备哪些物品？ ②在实地研学中，你们小组可能遇到什么困难，打算怎么解决？还应该注意什么？ ③各组展示交流、完善研学方案。	困难预设的指导： 根据活动方案，为实际研学做好充分的预设准备。
反思总结	四、课堂小结，布置任务	1. 引导学生畅谈本节课的收获。 2. 总结。 3. 布置后续任务：利用课后时间完成方案后半部分内容。	课堂小结，布置任务的指导： 1. 回顾本节课活动，进一步强化学生对制订方案的认识。 2. 引导学生利用课余时间完成活动方案，为下阶段学习做好准备。

板书设计：

开元寺研学之旅——制订方案

问题　　方法　　工具　　分工

有价值　恰当　　合适　　能力　　特长

有效

物品准备：食物、水、笔记本、笔、药品、手机等

注意事项：安全、卫生、文明、纪律等

第二阶段：实地考察，中期汇报

内容分析：本阶段为中期汇报阶段，通过前期小组制订的活动方案在课外到开元寺开展实地研学考察探究活动。通过记录、拍摄等方法收集信息，根据实际需要初步归类整理所得信息，提高处理信息的能力；通过此次活动，

对开元寺的文化有更深入的了解，提高对开元寺的喜爱，并增强热爱家乡、热爱祖国的情感。

学情分析：本主题的提出非常贴近泉州本土环境和文化的实际情况，也符合学生兴趣和年龄特点。大部分学生有一定的记录、拍摄和整理信息的能力，能根据实地考察过程中搜集的图片及视频，有顺序地进行编辑、分类、筛选，最后进行资料的整理。

教学目标：

1. 通过研学考察探究活动，让学生对泉州开元寺有更深入的了解，感受泉州开元寺的历史文化。

2. 能对收集的资料进行合理、有效的筛选，提高收集信息、处理信息、择优选取信息的能力。

3. 能选择符合小组调查内容和小组同学能力水平的展示方式。

4. 通过活动，激发学生对开元寺的探究热情，增强学生爱国爱乡之情。

重点难点：

1. 在交流评价中发现问题，寻找有效的解决办法。

2. 对收集的资料进行合理、有效的筛选与处理，并选择符合小组调查内容和小组同学能力水平的展示方式。

课前准备：PPT、实地考察自评表、成果展示计划表、成果展示评价表。

活动简要流程：

关键要素	环节	主要活动	教师指导重点
获取证据（课外）	集合准备	考察前教师进行安全教育。	准备工作的指导： 进行安全教育。
	研学考察	各组人员按照研学方案有序进行考察、参观、学习、记录。 1. 学生进行研学考察，参观学习。 2. 学生运用观察、访谈等方法收集资料。	研学考察的指导： 1. 引导学生寻找恰当的对象进行访谈。 2. 引导学生研读门联和碑刻等资料，运用工具收集重要信息。

续表

关键要素	环节	主要活动	教师指导重点
		3. 学生考察得来的信息记录在考察记录表中。	
	研学结束	研学结束，家长到指定地点接回孩子。（学生利用课后时间将收集到的信息分类整理）	研学结束的指导： 对活动进行总结，便于后续的应用。
提出解释或观念	前期回顾，揭示课题	1. 播放前期活动剪影，回顾活动。 2. 自评研学考察完成情况。 3. 交流研学考察中遇到的问题及解决的方法。	前期回顾揭示课题的指导： 引导学生交流研学考察活动中出现的问题以及解决问题的方法。
	梳理问题，交流办法	梳理前期考察记录表。（在研学考察中出现的问题，并且针对问题分析原因，寻找解决的办法）。 1. 完成实地考察小组自评表并汇报。 2. 梳理探讨实地考察记录表，分析哪些地方做得好，还有哪些地方做得不够好。 3. 讨论交流解决问题的好方法。 4. 讨论怎样整理信息更有序。	梳理前期调查表的指导： 通过对具体个案的指导，鼓励学生质疑，发现研学中存在的问题，如①无法深入考察；②访问无法到位；③查不到资料；④资料杂乱无章。讨论解决问题的方法，以便后面进行整改。并有针对性地指导学生对前期收集的信息进行有序整理。
	确定方式，明确标准	各小组根据已经确定的活动方案，讨论并确定具体展示方式。 1. 交流讨论，设定小组展示汇报的评价标准。 2. 选择符合小组调查内容和小组同学能力水平的展示方式，制订“成果展示计划表”。	设定评价标准和确定展示方式的指导： 师生通过交流与讨论，设定小组展示的评价标准；在小组合在制订成果展示计划表的过程中，确定小组展示方式。

板书设计：

开元寺研学之旅——中期汇报

出现的问题	评价标准
无法深入考察	方法多样
访问不到位	内容充实
查不到资料	效果良好
	时长恰当

第三阶段：行后展示，成果交流

内容分析：本阶段是研学活动实施之后的成果展示。学生在上一个阶段已经按照各小组制订的活动方案对开元寺开展采访、实地考察、实验研究或上网查询等研学考察活动，对开元寺有了更加立体、多元的认知，并将考察信息进行了筛选整理，选择了合适的方式呈现研学成果。在此基础上组织学生进行分组汇报和交流，并对活动作出客观的评价。

学情分析：学生通过小组合作进行研学考察，获取了相关信息，并在教师的指导下对收集的材料进行了筛选与处理，做好成果展示的准备。五年级学生对于成果展示流程比较熟悉，小组合作能力也基本具备，能比较清楚流畅地表达自己的收获，但对小组的展示进行评价的能力还有待提高。

教学目标：

1. 通过考察探究活动，让学生对泉州开元寺有更深入的了解，感受泉州开元寺的历史文化，增强学生热爱家乡、热爱祖国的情感。

2. 能选择合适的方式并熟练运用多媒体信息技术条理清晰地展示成果，提升主动参与活动的积极性，发展乐于合作的团队精神和合作技能，提高发现问题、解决问题的能力。

3. 在小组交流分享中，能依据评价标准比较客观、公正地进行组间互评，提升语言表达能力和信息分享能力。

重点难点：

重点：能选择合适的方式并熟练运用多媒体信息技术条理清晰地展示成果。

难点：在小组交流分享中，能依据评价标准比较客观、公正地进行组间互评。

课前准备：汇报成果的文字稿、课件、视频等；孩子们活动的照片（课件配乐播放照片）。

活动简要流程：

关键要素	环节	课堂主要活动	教师指导重点
提出问题	一、谈话导入，明确任务	1. 谈话激励，明确任务。 2. 出示照片，回顾活动。	回顾导入的指导： 用激励性语言导入，帮助学生梳理前期活动，明确本节课任务。
展示交流	二、分组展示，提炼方法	1. 提出汇报要求，讲解任务要点。 2. 各小组汇报成果，并在交流中提炼出研学方法，回答下面的问题。 ①各小组有哪些经验或方法值得我们学习和借鉴的？ ②在研学时遇到过什么难题吗？是怎么解决的？ ③研学成果是怎么汇总的？ ④其他同学有什么疑惑和建议？ 3. 反思与评价。	分组展示成果的指导： 1. 提出的要求要明确，便于学生操作。 2. 要适当讲解展示汇报要求，梳理任务要点。 3. 协助学生进行成果展示，在小组展示时教师依据实际情况提出问题，引导评价，帮助学生梳理、提炼研学方法。 4. 组织学生进行生生之间、组组之间的反思评价。
反思总结	三、总结反思，提升能力	1. 回顾活动，畅谈感受。 2. 反思交流，自我评价。 3. 再次研学，避免遗憾。 4. 布置任务，激励导行。	总结反思的指导： 组织学生回顾活动，客观地进行自我反思评价。

板书设计：

开元寺研学之旅——成果展示

甘露戒坛	实验法、访谈法
镇国塔	观察法
大雄宝殿	访谈法
天王殿	上网查资料
古船陈列馆	文献调查法
仁寿塔	对比观察法

第四阶段：成果应用

内容分析：本阶段是“开元寺研学之旅”主题活动的第四阶段内容，主要任务是根据研学成果探究旅游攻略的制作，为后续走进开元寺开展志愿服务做准备。本阶段在学生已有考察探究开元寺经验的基础上，通过行程安排、经费预算及海报制作等环节不断优化开元寺旅游攻略；通过观察、对比、分析与交流，初步形成服务社会和他人的意识，初步形成乐于奉献的精神。

学情分析：五年级学生对新事物充满好奇，有一定的挑战欲望，且已经初步具备分析、对比的能力，能尝试从不同角度来看待问题。学生有前面的开元寺考察探究经验，已经能自信大方地推介开元寺的历史文化、人文景观等考察探究的成果，也初步感受家乡泉州的魅力，产生爱家乡、爱泉州的情感。但对于如何宣传家乡文化却缺少经验，制作开元寺旅游攻略不仅能给学生提供展示的平台，还能进一步激发学生爱家乡的情感。

教学目标：

1. 结合开元寺考察探究成果，运用自身在各科学习中学到的本领为游客设计开元寺旅游攻略，给游客提供服务。

2. 能根据情况适时优化旅游攻略的行程安排、经费预算及宣传制作，初步形成劳动效率意识和劳动质量意识，初步培养乐于奉献的精神。

3. 积极学习新技术，进一步体验新技术支持下的社会服务，提升关爱他人、积极参与社区建设的意识和能力，增强公共服务意识，初步形成社会责任感。

4. 在设计制作中团结协作，提升与他人合作的能力。

重点难点：

重点：活动中，不断完善旅游攻略，制作出一份较优秀的旅游攻略。

难点：综合考虑行程安排、经费预算，为游客设计合理的旅游攻略。

课前准备：课件、黑板贴、前期活动成果、学习单等。

所需课时：1 课时。

活动简要流程：

关键要素	环节	课堂主要活动	教师指导重点
提出问题	一、视频激趣，生成主题	1. 观看前期活动照片和探究成果，畅谈感受，激发情感。 2. 播放视频，激发学生为游客做旅游攻略的想法，生成主题。	生成主题的指导： 播放学生在开元寺研学的活动照片及系列成果，创设情境，激发热爱家乡泉州的情感及身为泉州人的自豪感。
设计制作	二、合作探究，设计攻略	1. 学生浏览各种各样的旅游攻略，了解旅游攻略的内容及宣传形式。 2. 小组交流讨论旅游攻略的制作方法及内容。 ①各小组重新梳理旅游攻略的内容，包括行程安排、经费预算等。 ②各小组根据兴趣及能力选择制作旅游攻略的方法、内容及宣传方法。 3. 合作探究，设计攻略。 (1) 根据研学行程图填写行程策划表，思考以下问题： ①做攻略要考虑哪些行程问题？ ②可以把毗邻的西街作为后续旅游项目。 ③如何制作一张行程策划表？	设计攻略的指导： 1. 通过图片、对话等方式，引导学生了解旅游攻略的内容，以及海报、传单、朋友圈、手账、折页等宣传形式。 2. 通过师生交流讨论，梳理制作旅游攻略的方法及内容，包括行程安排、经费预算及宣传制作等。 3. 引导学生根据课前查询到的与景点相关的交通、住宿、门票等费用情况，围绕两个核心问题，制作本次行程的消费预算表。 引导学生运用地图、书籍、网络等工具设计旅游攻略，制作旅游攻略图，并绘制成海报形式。

续表

关键要素	环节	课堂主要活动	教师指导重点
		(2) 制作消费预算表。 (3) 设计制作旅游攻略图。 (4) 设计绘制海报。	
展示交流	三、展示汇报、交流评比	1. 各小组展示自己制作的作品。 2. 对照标准，交流评价。	展示交流的指导： 引导学生根据评价标准进行交流评价，提高评判水平，调动学生学习热情。
拓展延伸	四、视频引路，拓展创新	学生观看视频，了解新技术支持下的旅游服务。 ①观看旅游攻略其他宣传形式，如抖音视频。 ②手机传屏在线展示小程序智能景区介绍播报。	拓展创新的指导： 通过视频播放游客新需求，让学生了解新技术支持下的旅游服务，激发学生的创新精神。
总结反思	五、交流反思，总结提高	1. 反思本节课的感受及收获。 2. 教师总结，强化文化传承意识。	交流反思的指导： 引导学生反思活动的收获与感受，提升自我反思能力，增强发展家乡文化的责任感。

板书设计：

开元寺研学之旅——成果应用

我们的发现	我们的思考		我们的研究	
	行程安排	经费预算	宣传制作	其他
	交通工具	车票费	海报	生活用品
旅游攻略	住宿	住宿费	朋友圈	防疫用品
	用餐	餐费	抖音视频	天气
	景点	景点门票	手账	

（二）小导游带你游开元寺

第一阶段：主题生成，制订计划

内容分析：本阶段为整个主题活动的第一阶段，根据《纲要》中的“社会服务”关键要素，本阶段的主要内容是了解服务对象的需求，制订服务计划。通过课前的调查了解、课上对调查结果的分析，我们确定了本次社会服务的对象为开元寺的散客。课上，师生共同讨论确定开元寺的七个景点：紫云屏、天王殿，宋代二塔、大雄宝殿（外部），大雄宝殿（内部），甘露戒坛、藏经阁、弘一法师纪念馆、泉州佛教博物馆，麒麟壁、桑莲古迹，镇国塔，仁寿塔。学生自由组合成七个小组，制订服务计划。通过活动，激发学生热爱家乡之情，培养学生的活动策划能力和小组合作能力。

学情分析：五年级学生已开展过社会服务活动，曾去过敬老院做服务，参加过爱心义卖活动，具备一定的活动策划能力，初步养成小组合作探究的习惯。学生大体知道社会服务的基本流程，但每次要学习的服务技能是不一样的，服务技能的学习将在第一阶段第二课时进行。

活动目标：

1. 通过对泉州世遗景点开元寺的历史、建筑与人文之美的了解，激发学生热爱家乡、热爱家乡传统文化的情感。

2. 通过制订社会服务活动计划，培养学生的活动策划能力和小组合作能力。

3. 通过活动，培养学生收集、整理信息的能力。

重点难点：

1. 通过制订社会服务活动计划表，培养学生活动策划能力和小组合作能力。

2. 通过活动，培养学生收集、整理信息能力。

课前准备：课件、服务活动计划表。

活动简要流程：

关键要素	环节	主要活动	教师指导重点
明确服务对象与需要	一、生成主题，明确需求	1. 创设情境，激发兴趣。 ①观看泉州申遗成功的视频，感受到身为泉州人的自豪。 ②师生谈话引出志愿服务活动。 2. 明确需求，生成主题。 学生交流讨论后确定，旅游攻略和导游服务是一般游客的需求。	创设情境导入的指导： 学生观看视频，教师用富含情感的语言激发学生参与志愿服务的欲望。
	二、确定服务对象、内容及方式	1. 师生交流，确定服务对象为散客。 2. 结合开元寺景点图片，讨论确定服务内容。 3. 借助调查统计表格，学生分析游客集中的时间段，确定服务方式。 4. 师生交流、梳理开展服务前的准备。	明确服务要素的指导： 1. 通过对话、图片、表格等方式，引导学生明确服务的对象、内容和服务方式。 2. 通过师生交流，让学生明确开展服务前需做的准备。
制订计划	三、制订服务计划	1. 借助例子帮助学生了解服务计划。 2. 小组合作讨论制订服务计划。 3. 点评及完善服务计划。	制订服务计划的指导： 1. 教师出示制订服务计划的例子，帮助学生了解如何填写服务计划。 2. 小组讨论制订服务计划，教师巡视。 3. 教师展示各小组的服务计划，点评并完善。
反思总结	四、反思总结、布置任务	1. 反思本节的收获。 2. 教师总结。 3. 布置课后任务。	反思总结的指导： 教师总结并布置课后任务，为下一阶段的活动做好准备。

板书设计：

小导游带你游开元寺——主题生成

服务对象	服务内容	服务方式	前期准备	
散客	紫云屏、天王殿	定时定点	实地考察	
	宋代二塔、大雄宝殿（外部）		收集信息	
	大雄宝殿（内部）			网络
	甘露戒坛、弘一法师纪念馆、			书籍
	藏经阁、泉州佛教博物馆			采访
	麒麟壁、桑莲古迹		整理资料	
	镇国塔			
	仁寿塔			

第二阶段：学习技能

内容分析：本节课是主题活动第一阶段的第二课时，根据《纲要》中的“社会服务”关键要素，本阶段的主要内容是学习服务技能，为接下来开展服务行动做好准备。要带散客参观开元寺，就要写好导游词，掌握导游技巧。撰写导游词时要注意：口语化、内容正确、语言生动、条理清楚。导游技巧有四个要点：语言流利、声音响亮、仪态大方，能与游客互动交流。磨刀不误砍柴工，前期扎实掌握服务技能，接下来的社会服务实践才能真正达成目标。

学情分析：学生在四年级的时候已学过如何撰写导游词，了解撰写导游词的基本要求。这次撰写导游词，是小组合作进行的，每个小组负责一个景点，学生要事先搜集好这个景点的资料。学生搜集到的资料往往是书面语，内容中规中矩，所以，课堂上要重点指导学生把握内容口语化、语言生动这两个要求。导游技巧的四个要点是层层递进的，语言流利、声音响亮对五年级学生来说不难，难的是如何落落大方，并能与游客互动交流，能巧妙发问吸引游客注意力，能回答游客的提问。练习导游技巧时，可借助评价量规，让学生自检：应练习到何种程度。在社会服务的过程中，还应不断反思总结，提升服务技能。

活动目标：

1. 通过修改完善导游词，明确一份好的导游词的标准，进一步激发学生热爱家乡、热爱家乡传统文化的情感。

2. 通过不断练习，初步掌握导游讲解技巧，树立保护家乡、传承家乡传统文化的思想。

3. 能在学习服务技能的过程中，发现自身存在的问题并尝试解决。培养语言表达能力、小组合作能力和人际交往能力。

重点难点：

1. 学会修改导游词，能把书面语转化成口语。

2. 掌握基本的导游讲解技巧，能与游客进行交流互动。

3. 形成服务意识，养成热爱家乡的情感。

课前准备：课件、积分表、板书。

活动简要流程：

关键要素	环节	主要活动	教师指导重点
明确任务	一、明确本课活动任务	回顾上节课内容，明确本节课活动任务。	明确本课活动任务的指导： 与学生交流，让学生明确本节课活动任务。
学习技能	二、修改导游词	1. 讨论：一份优秀的导游词的标准。 2. 以其中一份导游词为例，全班一起修改。 3. 小组讨论，对照标准修改各自的导游词。 4. 交流展示修改后的导游词。	修改导游词的指导： 1. 交流讨论，让学生明白一份好的导游词的标准：内容正确，语言生动，条理清楚，口语化。 2. 全班一起修改，小组讨论修改，个人交流展示，层层递进，引导学生按标准修改导游词。
	三、练习讲解技巧	1. 第一次练习：语言流利。 2. 第二次练习：声音响亮。 3. 第三次练习：仪态大方，互	练习讲解技巧的指导： 通过教师示范、小组合作练习、小导游模拟情境演示等

续表

关键要素	环节	主要活动	教师指导重点
		动交流。	各种形式，引导学生初步掌握导游讲解技巧。
反思总结	四、反思总结、布置任务	1. 反思本节课的感受及收获。 2. 产生新的问题。 3. 教师总结并布置课后任务。	反思总结的指导： 引导学生反思活动收获与感受，总结并布置课后任务，为下一阶段的活动做好准备。

板书设计：

小导游带你游开元寺——学习技能

修改导游词	练习讲解技巧
内容正确	语言流利
语言生动	声音响亮
条理清楚	仪态大方
口语化	互动交流

第二阶段：实地开展服务（课外）

课外，学生到开元寺参加实地考核。教师和学生代表组成考核组。考核过关，方能取得学校颁发的小导游上岗证。

学生根据服务计划，以小组为单位（每个小组 6 个人，分别讲解开元寺的一个景点），利用周末时间开展小导游志愿服务活动。每次讲解完，以集赞的方式请游客如实评价，反馈活动效果。根据学生获得的点赞个数评选出“最佳小导游”若干名，颁发奖状，以资鼓励。

说明：语言流利、声音响亮、仪态大方、互动交流，前三项每达成一项，分别获得一个赞。第四项达成，获得 2 个赞。

服务时间：周六、周日上午 10:00——11:30，下午 4:00——5:30

开元寺小导游现场讲解评价表

讲解员		讲解时间		讲解景点		总计
游客姓名		游客姓名		游客姓名		
集赞数		集赞数		集赞数		

第三阶段：反思交流，互动评价

内容分析：根据《纲要》中的“社会服务”关键要素，本阶段的主要活动内容是反思服务经验、分享活动经验，即对整个活动进行总结与回顾。这一阶段既关注活动的结果，又关注活动的过程，应充分利用评价表对学生进行合理评价。评价方式多元，有自评、生生互评、师评等三种方式。

学情分析：通过开展志愿服务活动，学生们熟练掌握了讲解技能，进一步了解了开元寺的历史文化。开元寺就在学校附近，每天上学放学，许多学生都从开元寺经过，但只有走进开元寺，才能真正了解开元寺在海丝文化中的重要性。开元寺的每幅壁画、每个建筑、每个浮雕都是有讲究的。学生的社会责任感、小组合作意识、语言表达能力在实践中逐步提升，每一次活动，都是一次成长。

教学目标：

1. 通过反思服务经验、分享活动经验，让学生学会总结提炼讲解方法，培养学生的语言表达能力。

2. 通过总结评价，让学生学会发现自己的长处，反思自己的不足，学会公正合理地评价他人。

3. 通过拓展延伸的作业，让学生在实际生活中迁移运用习得的能力。

重点难点：

1. 通过反思服务经验、分享活动经验，让学生学会总结提炼讲解方法。

2. 通过评价，让学生发现自己的长处，反思自己的不足，学会公正合理地评价他人。

课前准备：课件、评价表。

活动简要流程：

关键要素	环节	主要活动	教师指导重点
反思服务经验	一、回顾活动，讲述趣事	1. 教师播放小视频，回顾同学们开展志愿服务的各个阶段。 2. 各小组讲述在志愿服务的过程中发生的故事，可以是如何齐心协力为散客介绍开元寺，获得游客的一致好评，也可以是遇到挫折，努力克服，最终取得成功。 3. 每小组讲述限时 3 分钟。可制作课件、播放背景音乐配合讲述。	回顾活动，讲述趣事的指导： 1. 回顾活动整体过程，为接下来的反思、总结做好铺垫。 2. 课前指导学生拟好稿子，练习流利讲述。课堂上用过渡语串起各小组的故事。展示的机会留给学生。
分享活动经验	二、讲解妙招，提炼要点	1. 各小组讨论志愿讲解的妙招，提炼出一个，写在 A4 纸上的锦囊图形里。 2. 各小组长轮流展示。 3. 学生点评。 4. 教师总结。	妙招提炼的指导： 1. 指导学生将实践经验以文字的形式提炼出来，要简洁明了。 2. 引导学生甄别妙招的优劣。
总结评价	三、解读标准，互动评价	1. 出示评价表，解读评价标准。 2. 学生自评。 3. 小组内互评。	互动评价的指导： 针对评价内容进行公平合理的评价。
	四、拓展延伸，提升能力	作业超市（三选一）： 1. 背诵导游词，到开元寺现场为游客讲解，并录制现场讲解视频。 2. 尝试从泉州其他 21 个世遗点选择一个，为游客讲解。 3. 为游客制作一份旅游攻略。	拓展延伸的指导： 1. 设计梯度作业，学生根据自己的实际情况选一项来完成。 2. 拓展延伸，让学生学会迁移习得的能力。

板书设计：

小导游带你游开元寺——反思交流，互动评价

讲解妙招　　　　评价标准

第六节　跨学科综合实践活动的实施

综合实践活动课程是以培养学生综合素养为旨归的跨学科实践性课程，实施该课程时，学生在教师的引导下，亲身参与实践活动，利用跨学科知识和方法解决生活中的现实问题，完成较为复杂的具有挑战性的任务。开发与实施跨学科的综合实践活动，意在让学生在自由、自觉的活动中开发智力，提升综合素养。

一、课程开发原则

（一）融合原则

跨学科综合实践活动除了具有综合性、实践性等特点外，“跨学科”是其最大的特点，在开发设计时要坚持融合原则，要整合多学科知识，而非单一的学科知识，要激发跨学科思维，培养多元智能，涵育综合素质。

跨学科综合实践活动是将多学科知识融合起来，整合成一个完整的结构，用跨学科思维去探寻解决问题的思路和方法，以实现高效解决问题和圆满完成任务。譬如，笔者以童话《稻草人》为切入口，结合学校地处城乡接合部的地理位置，利用本地区常见的稻草作为资源设计“稻草人”课程，着重安排了“水稻的一生”“稻草的价值”“稻草人制作”三组活动，该课程将科学、环保、工程、技术等知识有机融合到“稻草人”身上，是一个比较成功的跨学科学习案例。

（二）本土原则

跨学科综合实践活动还应具有本土化特点，即“从学校实际出发，以学校为本”。具体来说是以学校为主体和基地，充分开发和利用学校内部和学校周边的资源，开发出适合本校学生开展的跨学科综合实践活动。

在开发建构跨学科综合实践活动时，教师应当坚持本土化原则，因地制宜，量身定制。比如根据学校实际情况，把学校的景观、场馆、基地等作为综合实践活动的内容。譬如，教师围绕校园里的桂花树开展跨学科的综合实践活动，设计出“认识桂花”“画桂花”“好玩的桂花”“好吃的桂花”等系列活动，从语文、美术、劳动等学科角度去育人，培养学生的语言表达能力，涵养学生的审美情趣和艺术表现力，提升学生的劳动技能与劳动品质。

（三）项目化原则

综合实践活动的范畴比较广泛，可涉及各个学科的内容，可以采用手工制作、参观考察、社会实践、工程制造等各种形式，如同一个大拼盘。因此，跨学科综合实践活动要有一个主题或一个中心，项目化就是最好的方法。

项目具有高度的统整性与聚合力，学生在教师的引导下，围绕生活中真实的问题，运用多学科知识，展开项目化学习，实现问题的解决与任务的完成。譬如，笔者以学校的种植园为基地，以“蚕豆”为项目，围绕“影响蚕豆生长的因素有哪些?”“蚕豆有哪些方面的作用?”等问题，设计了“种植课程”“收获课程”“制作课程”三个课程，组织学生亲手种植蚕豆、管理蚕豆、收获蚕豆，用蚕豆制作美食，做成工艺品，通过一系列综合实践活动对蚕豆展开深入探究学习。采用这样的项目化设计，有助于提高课程的融合性，提升教学的集约性，有助于激发学生学习的积极性，促进学生自主发展。

二、课程开发路径

（一）依托国家课程，生成跨学科主题活动

《义务教育课程方案（2022 年版）》将综合实践活动课程提前至一年级，同时将劳动、信息科技从综合实践活动中独立出来，这对综合实践活动课程提出了更高的要求。新课程内容结构的变化，为跨学科综合实践活动课程提供了丰富的资源，小学阶段的十多门国家课程成为综合实践活动课程的素材来源，学校可以结合本校特色以及区域优势，选择国家课程中合适的内容，进行加工、补充、拓展，通过学科整合，开发出新的跨学科主题课程。譬如：小学科学课程中就有一些内容可以结合学校及学生特点，开发为跨学科综合实践活动。

（二）立足生活原野，创编校本课程

“生活即教育，社会即学校”，陶行知先生创立的“生活教育”理论为综合实践活动开发提供了新的思路。生活是本活教材，无论是学校生活，还是家庭生活以及社会生活，都蕴藏着丰富的综合实践活动课程资源，我们可以捕捉生活现象、聚焦生活问题、立足生活原野、搜集生活资源，结合师生实际，创编校本课程。

譬如，笔者从学生中午在校“就餐场景”出发，以“文明就餐、杜绝浪费”为主题，设计跨学科综合实践活动“餐桌上的学问”。该活动从本校学生午餐浪费现象出发，融合数学学科开展“粮食与人口”调查活动，融合语文学科开展“粮食的诗词”小主题活动，融合道德与法治开展“餐饮之礼”“光盘行动”等实践活动，引导学生在调查、采访、统计、分析、宣传等实践活动中，开展多维度研究，感知、理解爱惜粮食与文明就餐的意义，养成节约粮食、文明礼貌的良好行为习惯。

三、活动实施的策略

跨学科综合实践活动课程关注学生自主发展与实践创新，强调学生自主探究与自我建构，主张以学生为主体，以学习为中心。在实施跨学科综合实践活动课程时，我们可以采用“境中学”“做中学”“展中学”的“三学”策略，组织和引导学生开展跨学科主题学习活动，提高学生综合素质。接下来笔者以“清明踏青去”跨学科主题学习活动为例阐述课程的实施策略。

（一）境中学：创设情境，激发学习兴趣

“兴趣是最好的老师”，为了让学生积极主动参与项目，带着浓厚的兴趣开展研究，教师必须将活动融入情境，调动起学生学习的兴趣。

创设情境最好的方法是生活化，即将活动融入生活情境，利用生活中的真实事物、奇怪的现象、让人疑惑的问题等源于学生生活的素材，构成真实的场景，直击学生视听感官，给学生身临其境之感，对学生的内心产生强大的冲击力，让学生倍感好奇，兴趣大增。譬如，在实施“清明踏青去”主题活动时，课前教师组织学生调查了解清明习俗，课堂上教师创设情境，诵读关于传统节日的诗词，聚焦清明节。围绕清明节谈古今人们过清明节的不同习俗，接着从讨论今年准备怎么过清明节切入，生成跨学科主题活动“清明踏青去”。

聚焦生活事件，还原生活场景，这样创设的情境贴近学生生活，能引起学生对清明节习俗的关注，再根据实际情况，确定“踏青”这个班级共同活动。引导学生联结生活，共同讨论，从活动内容、活动时间、活动地点、出行方式、出行准备等方面进行策划；各小组再展开热烈讨论，学生根据自己的兴趣和特长，从“绘制风筝、包润饼菜、行程规划和经费预算”三项任务

中选择一项，作为小组代表参加第二阶段的分班学习。

（二）做中学：丰富活动，增强实践体验

“听容易忘记，做容易理解。”“做中学”是跨学科综合实践活动实施的有效策略。综合实践活动应当给学生提供充裕的实践体验的时间，让学生亲眼观察、亲手操作、亲身体验、亲自经历，通过实践去探究问题。

例如，实施“清明踏青去”课程时，笔者在学生分组设计了活动方案后，组织实施了“创意风筝我设计”“精打细算我能行”“润饼食俗我体验”三个清明习俗体验小组活动。

在“清明踏青去——精打细算我能行”活动中，学生运用数学知识，根据自己小组的实际情况做出行程规划和经费预算：结合生活实际和经验规划踏青的路线怎么走，每个地点逗留多久，做好计划表；结合课前做好的物品清单，综合考虑性价比等预算出共同支出及人均费用。然后在自评互评中提升对本次行程规划和经费预算的认识，优化行程规划和经费预算，为踏青做好充足的准备。学生自主地规划行程、预算支出，收获满满的成就感。

在“清明踏青去——创意风筝我设计”活动中，利用潍坊风筝节视频创设情境，引导学生了解风筝的历史，增强学生民族自豪感与创作热情。学生完成风筝基本型设计任务后，利用图片、视频等资源引导学生探究风筝的造型特点、题材样式和寓意表现，引导学生发散思维，在尝试、讨论、交流中，开拓设计思路，突破难点，顺利设计出独一无二的风筝，并制作风筝，带上它出游。

在“清明踏青去——润饼食俗我体验”活动中，首先利用图片、视频等资源，引导学生了解润饼配菜丰富、讲究色彩、荤素搭配、营养均衡等特点，然后准备配菜，梳理配菜制作步骤。观看视频学习胡萝卜切丝的劳动技能，在反复练习中掌握切丝的劳动技能。以小组为单位开展包润饼比赛，巩固四年级所学的包润饼技能，增加了课堂的趣味性。最后引导学生从润饼皮和润饼馅方面创意设计润饼新包法，培养学生的创新思维。

“做中学”的核心是引导学生直接感知，在感知中体悟理解。教师要给学生多提供思考的机会，引导学生用数学思维思考，用工程、技术、艺术的思维思考。学生在做中学，在做中思，思维变得发散、灵活、深刻，也获得多元智能的发展。

（三）展中学：展示交流，分享学习成果

跨学科综合实践活动课程的实施，可以采取“展中学”的策略，让学生在展示中交流，在展示中学习，在展示中提升。

跨学科综合实践活动的学习成果是多方面的，物态成果只是其中一个方面，学生在实践过程中会有所思所想，有成功失败，那些思想观点、经验教训也是一种学习成果。所有这些都值得展示交流，都值得相互借鉴学习。譬如，踏青回来，各组学生回到原班级进行分享交流，反思活动过程，总结活动经验，然后自主选择，分学科同步开展活动。

一个小组选择运用语文学科知识，撰写声情并茂的清明宣传方案，并运用信息技术制作美篇分享中华传统文化。教师利用视频中的精彩瞬间引发学生深度分享的欲望，学习美篇制作方法，梳理操作步骤，小组分工合作制作美篇。在展示评价中，重点指导学生从文案的撰写是否具体生动，是否富有感染力等方面修改完善。另一个小组选择用英文向外国友人介绍清明习俗，宣传中华传统文化。教师创设接近真实的生活场景，巧妙地将英语学习与清明节习俗相结合，引导学生掌握与清明节相关的英语词汇、句型。这个教学活动不仅拓宽了学生的词汇量，达到用英语解决问题的目的，更让学生在语言的学习中感受到文化的差异与交融，激发传扬清明节传统文化的热情，培养自觉传承中华优秀传统文化的意识。

活动中，教师利用评价手段，通过多元评价方式，达到以评促学的效果。或教师点评，或学生自评，或生生互评，通过评价诊断学习成果，激励学生积极思考，促进学生自我反思，不断优化调整，实现学习进阶。

附 1：

“清明踏青去”跨学科主题活动方案

一、主题说明

新课标出台后，明确每个学科要拿出 10%的课时完成跨学科学习，跨学科学习成为教学的热点问题。近阶段正是清明时节，清明节习俗丰富多彩，我们决定以传统节日清明节为切入点，以体验节日习俗为重点，围绕“清明踏青”开展跨学科学习活动。

“清明踏青去”这个主题活动，紧扣“人文底蕴、实践创新”这两个核心素养设计活动流程，采用“1+3+2”的形式构建活动框架，引导学生运用多学科知识解决踏青问题。在确定活动主题后，细分研究小主题：运用数学知识规划行程，预算经费；运用美术知识创意设计风筝；运用劳动知识制作润饼菜；学生实行走班制，按照小组分工参与相应小主题学习。课后，学生回到小组分享学到的知识，做好充足准备。各小组走出校门，实地开展踏青活动。踏青回来，学生交流、反思活动过程，总结活动经验，然后运用中英文宣传中华传统文化，在传承与创新传统文化的活动中，提高学生运用知识解决问题的能力。

二、活动目标

1. 通过搜集、调查、采访、体验等活动，激发学生热爱大自然、热爱生活的情感，增强学生对传统文化的探究意识和认同感。

2. 通过体验清明习俗，小组分工合作筹备踏青事宜，提高小组合作意识和活动策划能力，增强主人翁责任感。

3. 通过探究活动，培养综合运用各学科知识解决问题的能力，形成初步的工具选择意识。在活动中提高信息搜集、处理的能力，培养发现问题、解决问题的能力及创新精神。

4. 通过制作美篇和英语宣传等活动，培植主动传承中华优秀传统文化的意识。

三、开展年级：五年级

四、所需时长：6 课时＋课外

五、整体活动规划

主题名称	清明踏青去	总课时安排	6 课时＋课外
内容及课时建议	学科建议	活动规划	
第一阶段：活动准备（课内 1 课时＋课外）	综合实践活动指导课	开展清明习俗知识竞赛，激发活动兴趣。交流古今清明习俗的不同之处，感受习俗的生命力。创设问题情境，确定活动主题，并以小组为单位，进行行前活动策划，引导学生联结生活，讨论、制订小组活动方案，根据组员的兴趣和特长做好任务分工，为下阶段活动做好准备。	
第二阶段：活动实施（课内 3 课时＋课外）	数学指导课	衔接前一阶段活动明确本节课任务。通过交流讨论，明确行程规划的设计要求，小组合作完成行程规划表。结合课前的物品清单，引导学生根据实际情况综合考虑物品的性价比，预算出共同支出及人均费用。在自评互评中优化行程规划和经费预算。	
	美术指导课	衔接前一阶段活动明确本节课任务。引导学生了解风筝的历史，观看潍坊风筝节视频，激发活动热情；引导学生探究风筝造型特点、题材样式和寓意表现；通过视频引导学生从多个角度发散思维，进行风筝面的创意设计，在展示交流中完善风筝设计与制作。	
	劳动指导课	衔接前一阶段活动明确本节课任务。分享有关润饼的故事，导入本课。观看视频，梳理润饼特点。准备配菜，学习配菜制作步骤，学习胡萝卜切丝的劳动技能，选择合适的切丝工具。以小组为单位，开展包润饼比赛，并进一步拓展，开展创意设计润饼新包法活动。	

续表

内容及课时建议	学科建议	活动规划
	综合实践活动指导课	学生依据前期所学做好踏青前的所有准备工作，并分小组开展踏青体验活动。
第三阶段：活动总结与拓展（课内 2 课时＋课外）	语文、信息技术指导课	播放视频回顾前期活动，对前期活动进行总结反思。激发兴趣，明确小组任务：利用多媒体技术宣传我们的清明节。阅读美篇操作流程资料，学习美篇制作方法；运用语文知识撰写文案，小组分工制作美篇并展示汇报。
	英语指导课	播放视频回顾前期活动，谈话激趣，明确小组任务：用英语向外国友人介绍我们的清明节。观看视频了解不同国家祭祖节日的习俗，产生中西方文化的碰撞。观看视频，学习清明节相关词汇。创设情景，结合《春节》所学句型，把泉州的传统节日说给外国友人听。

六、主题作业与拓展学习设计

内容详见第 189 页附 2。

七、各阶段活动内容及教学设计

第一阶段：清明踏青去——主题活动我策划

内容分析：本阶段为主题生成和策划阶段。学生们通过参加清明习俗知识竞赛、交流清明习俗、分析古今清明习俗的不同，产生体验、探究清明习俗的兴趣，由此形成研究主题：清明踏青去。本阶段，围绕清明踏青，制订小组活动方案，小组成员进行合理分工，为下阶段开展实践探究做好准备。

学情分析：本主题的提出非常符合学生的生活需要，紧扣他们的兴趣和年龄特点，契合文化传承的需要。大部分学生对节气有初步的了解，有一定的搜集、处理信息的能力，活动策划的能力还有待加强。

教学目标：

1. 通过课前搜集资料、调查、采访，了解清明节的来历、习俗、故事等；通过参与、体验清明节习俗，增强对传统文化的探究意识和认同感。

2. 通过辨析古代、现代清明习俗的不同，感受清明节随着社会进步和科技发展不断变化的生命力，培养对传统文化进行传承与创新的意识，初步养成自理能力、自立精神与热爱生活的态度。

3. 通过制订清明踏青活动方案，初步培养活动策划意识与策划能力，增强团队合作的意识。

重点难点：

重点：通过制订清明踏青活动方案，提高活动策划能力，增强小组合作意识。

难点：通过了解清明习俗的变化，明白习俗是有生命力的，会随着科技的进步、时代的发展而产生变化。

课前准备：课件、清明习俗资料卡片、清明习俗调查问卷、活动方案、小板贴。

所需课时：1 课时＋课外。

活动简要流程：

关键要素	环节	课堂主要活动	教师指导重点
发现并提出问题	课前活动	诵读有关传统节日的诗歌。	课前活动的指导： 引导学生激活知识积累，诵读诗歌。
	一、清明节，大家这样过	1. 古人的清明节。 ①知识竞赛：从众多的习俗中选择清明习俗。 ②交流：选一种清明习俗具体说一说。 2. 古今清明节习俗的不同。	古今清明节区别的指导： 引导学生通过知识竞赛、交流清明习俗古今的区别，激发对清明习俗探究、体验的兴趣。

续表

关键要素	环节	课堂主要活动	教师指导重点
制订方案，提出假设	二、清明节，我们要这样过	1. 确定活动内容。 ①小组讨论：清明节想做些什么？ ②指定两个小组汇报。 ③论证活动内容中不够合理的地方。 2. 落实活动时间、活动地点、活动人员。 3. 集体讨论出行物品和注意事项。 4. 小组分工。选择一项自己最擅长的活动参与实践。 5. 制订活动方案。 6. 填写展示、评价活动计划表。 7. 修改完善活动方案。	制订活动方案的指导： 1. 引导学生激活生活经验，小组讨论，完善不够合理的活动内容。 2. 引导学生根据自己的兴趣和特长，合理选择活动任务。 3. 引导学生利用手绘地图合理确定活动地点和活动时间。 4. 引导学生从时间、地点、人员分工等几方面发现活动方案中存在的问题。
总结交流，任务驱动	三、总结提升，布置任务	1. 课堂梳理。 2. 布置课后任务。 ①和家长协商，修改、确定小组活动方案。 ②填写物品清单。	总结反思的指导： 1. 依托板书回顾本节课活动，进一步强化学生对制订活动方案的认识。 2. 引导学生完善活动方案，做好充足准备。

板书设计：

清明踏青去——主题活动我策划

清明习俗	活动方案
扫墓祭祖	活动内容
踏青	活动时间

放风筝	活动地点
吃润饼菜	出行方式
吃青团	活动人员
祭拜英烈	出行物品
……	注意事项

第二阶段（一）：清明踏青去——精打细算我能行

内容分析：本节课为活动实施的内容，以跨数学学科为主，学生在活动中运用数学及综合实践的知识解决踏青活动中的行程规划和经费预算问题。

学情分析：五年级学生已经具备独立思考的能力，掌握小数加减乘除的计算方法，能在交流讨论中运用知识解决简单问题，但对于自主做好行程规划和经费预算有一定的难度，综合运用知识解决现实问题的能力仍需培养。

教学目标：

1. 通过探究踏青的行程规划和经费预算，增强学生的团队责任感和团队协作能力。

2. 根据已有的生活经验及材料，制作行程规划，选择合适的活动地点，合理安排时间，提高学生的综合运用能力。

3. 通过经费预算活动，提高学生综合运用知识的能力。

重点难点：通过探究活动，培养学生综合运用数学知识解决问题的能力，培养学生的责任担当。

课前准备：活动策划表、物品清单。

所需课时：1课时。

活动简要流程：

关键要素	环节	课堂主要活动	教师指导重点
明确任务，选择方法	一、回顾揭题	1. 回顾前期活动，已经制作了小组活动方案。 2. 明确任务：为小组的踏青活动做好行程规划和经费预算。	明确任务的指导： 引导学生做好活动任务，激发学生责任感和担当意识。

续表

关键要素	环节	课堂主要活动	教师指导重点
	二、行程规划	1. 对于行程规划表，你有什么疑问？ 2. 各小组合作完成行程规划表。 3. 展示规划表，交流讨论规划表是否合理。 4. 各组完善规划表。	行程规划的指导： 引导学生根据活动内容选择合适的地点，并能合理安排时间。
	三、经费预算	1. 明确经费预算的内容及注意事项。 ①观察规划表，哪些地方需要预算经费？ ②观察物品清单，哪些物品需要预算经费？ 2. 小组三人合作共同完成经费预算。 3. 汇报交流。 ①小组汇报经费预算结果。 ②交流风筝费用的预算，货比三家，优化方案。 ③交流人均费用的预算，培养人文情怀。	经费预算的指导： 通过交流讨论，引导学生从现实生活中提取所需预算信息，并进行准确计算。通过对比不同商家选择合适的购物方案，培养学生综合运用数学知识解决问题的能力。
总结交流	四、总结评价	我们今天做了行程规划和经费预算，是否合理呢？请同学们先小组自评，再小组互评。	总结反思的指导： 引导学生从是否合理进行自评互评。

板书设计：

清明踏青去——精打细算我能行

行程规划		经费预算（共同支出、成员均摊）	
活动内容	丰富	门票	方法灵活
活动地点	合适	交通	性价比高
活动时间	合理	购物	计算准确

第二阶段（二）：清明踏青去——创意风筝我设计

内容分析：本节课为活动实施阶段的内容，通过设计制作风筝，提高学生的动手能力，培养创新思维。通过此次活动，学生对风筝的造型、色彩等信息有所了解，体验了创意设计的乐趣，增强学生的民族自豪感和对生活的热爱。

学情分析：五年级学生在美术学习过程中，能积极投入，乐于实践，对美术作品有较强的鉴赏力和审美能力，能通过合作的方式有效地解决问题。动手能力比较好，对色彩的把控、造型的创意也有较好的基础。

教学目标：

1. 通过讨论、交流，了解风筝的造型、色彩和结构。

2. 通过小组分工合作，创意设计风筝；自由选择绘画、剪刻、粘贴等方法来制作一只独一无二的风筝。

3. 通过制作风筝，体验设计、制作的乐趣，领悟设计的魅力，提高学生的设计能力，同时增强学生民族自豪感和文化自信及对生活的热爱。

重点难点：

重点：了解风筝的对称结构以及造型、色彩、图案的美好寓意。

难点：根据风筝基本型展开联想，运用绘画、剪刻、粘贴等多种方法，制作出一只创意风筝。

课前准备：

教师：PPT、龙风筝、评价表、任务单。

学生：白色风筝、颜料、彩笔、剪刀、双面胶、彩色卡纸。

所需课时：课内1课时＋课外。

活动简要流程：

关键要素	环节	学生主要活动	教师指导重点
创意设计，选择材料或工具	一、激趣导入	1. 激趣提问，明确创意设计风筝的任务。 2. 观看视频和图片，了解风筝的历史。	了解风筝的指导： 通过观看视频与图片，激发学生的创作兴趣。

续表

关键要素	环节	学生主要活动	教师指导重点
	二、细看视频，发现特点	1. 探究风筝的造型特点。 ①观看视频，了解风筝的外观特点。 ②观察图片，探究风筝平衡的原理。 2. 探究风筝的题材样式。 ①题材多样。 ②寓意美好。	梳理风筝特点的指导： 引导学生观察风筝，从造型、颜色、样式、构造、寓意等方面总结风筝的特点，从中感受风筝的艺术之美，提升设计热情。
	三、创意设计	1. 观察形状，发挥想象：取出事先准备的白色风筝，观察形状，进行创意设计。 2. 小组讨论，交流方法：要怎样把一个简单的图形做成你想要的样子？ 3. 共玩游戏，梳理方法。 ①尝试绘画。 ②观看视频，启发创意。 4. 梳理技巧，继续设计。 5. 反馈设计，交流评价。	创意设计的指导： 指导学生观察风筝的形状，进行有效联想。引导学生交流讨论：如何实现自己的创意？通过动手尝试，观看视频，梳理总结设计技巧，快速打开思路，继续完成设计，在交流评价中完善作品。
动手制作，展示交流	四、制作风筝	1. 选出小组中最好的设计，依据设计评价标准，细化分工，设计制作风筝。 2. 明确要求，动手制作。 3. 学生创作，教师巡视指导。	制作风筝的指导： 发挥团队力量，小组成员分工合作，选取最优的设计进行细化，完成设计、制作任务。
反思与改进	五、交流收获	1. 课堂总结，师生互评。 2. 布置课后任务。	评价总结的指导： 让学生在交流中感受风筝之美。布置后续任务。

板书设计：

清明踏青去——创意风筝我设计

特点	方法	技巧
色彩鲜艳	内添	旋转观察，截取部分
左右对称	外添	
个性创意		忽略基本型，图形最大化

第二阶段（三）：清明节踏青去——润饼食俗我体验

内容分析：本阶段为活动的实施阶段。通过劳动实践，了解润饼的特点和制作方法；选择合适的劳动工具制作润饼菜，在弘扬传统文化的过程中培养学生热爱劳动的品质。

学情分析：本主题非常贴近泉州的环境和文化需要，贴近学生的生活，也符合他们的兴趣和年龄特点。大部分学生有一定的切菜、包润饼的能力，能根据不同的菜选择不同的工具。在包润饼比赛结束后，进行创意设计包润饼的环节，是水到渠成。

教学目标：

1. 通过观看视频，了解各种削丝工具的用途和适用范围，形成初步的工具选择意识。

2. 在手工削丝、包润饼等活动中，自主发现问题，并能与他人进行简单的技术合作、技术交流，形成技术探究和应用技术解决问题的能力。

3. 通过活动，体验劳动乐趣，提高团结协作能力，培养创新思维，增强弘扬传统文化的意识，树立正确的劳动价值观。

重点难点：

1. 了解不同的削丝工具及适用的菜品，形成初步的工具和材料意识。

2. 能与他人进行简单的技术合作、技术交流，形成技术探究和应用技术解决问题的能力。

3. 感受劳动的艰辛和收获的快乐，增强获得感、成就感、荣誉感。培养合作意识及协作能力、创新思维和工匠精神，增强学生弘扬传统文化的意识。

活动准备：

1. 课件（微视频），工具，食材，评价表。

2. 制作材料（3 人一组）：塑料盒盛有润饼皮、豆芽、肉、荷兰豆、胡萝卜等。

活动简要流程：

关键要素	环节	课堂主要活动	教师指导重点
确定劳动项目	一、分享故事，明确任务	1. 分享有关润饼的故事。 2. 情境导入，明确任务。	明确任务的指导： 通过分享润饼故事明确活动任务，激发学生的劳动热情。
学习技能，淬炼操作	二、观看视频，了解特点	播放视频，从视频中了解润饼讲究色彩搭配的特点。	了解润饼特点的指导： 通过观看视频、观察图片，引导学生了解润饼的特点，培养学生观察分析的能力。
	三、认识工具，准备配菜	1. 探究制作配菜的步骤。 2. 认识各种削丝器。 3. 观看视频，关注切丝的细节和注意事项。 4. 尝试操作，发现问题：胡萝卜削丝时剩下小半截怎么办？ 5. 全体操作，师生点评。 6. 煮炒的时候要注意些什么？	认识工具，准备配菜的指导： 通过谈话，激活学生的生活经验，引导学生了解制作配菜的步骤和各种劳动工具。在尝试中学习削丝技术，在反复练习中熟练操作，完成配菜的制作，培养学生动手操作的能力和热爱劳动的精神。
	四、小组竞赛，比包润饼	1. 回顾知识技能，举行包润饼大比拼活动。 2. 出示温馨提示，解析评分标准。 3. 学生动手制作。	竞赛包润饼的指导： 引导学生复习四年级学过的包润饼的知识技能，在充分了解比赛规则和评分标准后，开展大比拼活动。

续表

关键要素	环节	课堂主要活动	教师指导重点
总结交流，拓展延伸	五、展示评价，反思提升	1. 已完成的小组展示作品。 2. 评分。 3. 请评分员说明打分依据。 4. 评分落后的小组反思。	总结反思的指导： 引导学生依据评分标准进行评价。
	六、拓展延伸，升华主题	1. 拓展延伸：出示有创意的润饼图，观察、思考制作方法与制作材料。 ①猜一猜有创意的作品是怎么制作的。 ②可以在哪方面有创意？ 2. 谈收获和感受。 3. 课堂小结，弘扬文化。	拓展延伸的指导： 引导学生欣赏各种创意制作的润饼菜，鼓励学生拓展思路，在制作方法与材料上进行创新。引导学生畅谈感受和收获，弘扬民族传统文化。

板书设计：

清明踏青去——润饼食俗我体验

特点	准备配菜	制作	
配菜丰富	洗	包	
讲究色彩	刨丝	创新	热爱劳动
荤素搭配	切		弘扬文化
营养均衡	炒		

第三阶段（一）：清明节踏青去——巧借技术来宣传

内容分析：本阶段为总结拓展课。本节课有两项活动内容：反思和宣传。在前期活动的基础上回顾、总结、反思，并在老师的引导下，利用多媒体技术，小组分工合作制作美篇，共同完成本次活动的宣传报道。

学情分析：此前学生已经经历了主题确认、做好行程规划和经费预算、分组设计制作风筝、制作润饼菜等活动，并外出参加踏青活动。五年级学生具有一定的写作能力和手机操作能力，完成此项任务并不难。

教学目标:

1. 通过观看视频，发展学生总结反思、分析归纳的能力。

2. 通过学习制作美篇，懂得运用信息技术解决实际问题，并提高小组合作能力。

3. 积极参与文案撰写，提高语言文字运用能力，激发民族自豪感。

重点难点:

重点：通过观看前期活动视频，进行总结反思，撰写活动文案，发展学生的表达能力与分析归纳、总结反思的能力。

难点：在小组合作制作美篇环节，学会合理分工，资源整合，提高效率。

课前准备:

课前学生根据要求分好六组，每组均有美术组、劳动组和数学组的同学参与，每组需准备1个平板，并事先下载好美篇APP。

所需课时：课内1课时+课外。

活动简要流程:

关键要素	环节	课堂主要活动	教师指导重点
活动回顾	一、交流感受和收获	1. 播放前期活动视频，回顾活动。 2. 交流感受，揭示课题。 3. 提出问题，明确任务：如何把清明节的传统文化分享给别人？揭题。	交流感受和收获的指导： 通过观看视频，回顾前期活动，引导学生调动生活经验，从信息处理、问题解决和团结协作等方面反思交流收获和感受，关注学生活动过程。
讲解说明，学习技能，练习操作	二、学习制作步骤	1. 播放图片，介绍美篇。 2. 浏览美篇操作流程图，梳理美篇的关键操作步骤。 3. 丰富美篇技巧。 4. 明确制作步骤。 ①精选照片或视频。 ②分工制作美篇。 ③发布美篇。	学习制作步骤的指导： 1. 通过播放图片让学生直观了解美篇，引导学生浏览美篇操作流程图，梳理美篇制作操作步骤，培养学生提取关键信息的能力。 2. 填写制作方案，培养学生的策划能力。

续表

关键要素	环节	课堂主要活动	教师指导重点
		5. 解析制作方案，填写制作方案。 6. 小组合作制作美篇。	3. 在实际制作美篇的过程中，练习技巧，掌握技能。
	三、展示汇报，评价交流	1. 展示作品：各组展示劳动成果。 2. 师生点评，重点从文案的撰写进行指导。 3. 完善作品。	展示评价的指导： 引导学生从是否合理进行自评互评。
总结拓展	四、总结延伸	1. 总结：大家的创意很多，也很棒。 2. 课后二次加工。	总结延伸的指导： 教师用富有激情的语言激励学生二次加工，创作更精彩的作品。

板书设计：

我们的传统节日清明——巧借技术来宣传

美篇制作：

打开美篇→点击“+”→文章→输入标题→选择图片→

编辑文案→预览→模板（音乐、排版、字体）选择→发布/分享

第四阶段（二）：清明节踏青去——英语分享传文化

内容分析：本阶段为总结拓展阶段，回顾前期活动，交流所遇问题及解决办法。经过前面一系列的清明节实践活动，学生对清明节有了一定的认识，能用自己的语言讲述我们的传统节日。怎么用英语讲述中国传统节日呢？怎么向外国人介绍我们的清明节呢？对英语学习有兴趣的学生在本节课可以学习到有关清明节习俗的英语表达，并在课堂上了解世界上不同国家的祭祖习俗，产生文化的碰撞，从中感受到我们的清明节的丰富性和独特性。

学情分析：本主题针对五年级学生开展，符合学生生活的地域、兴趣需

要和年龄特点。大部分学生有一定的英语基础，对英语学习有很大的热情，具有搜集、对比和处理信息的能力。通过链接四年级时学过的关于春节的知识，愿意在老师的引导下积极参与到英语学习中去。

教学目标：

1. 通过语境和操练活动，学生能够理解和掌握关于清明节风俗的单词：Qingming Festival（or Tomb-sweeping Day），traditional，sweep the tombs，Qingtuan（Green Rice Ball），Runbing Rolls，spring outing，fly kites。初步运用句型 It's…. At Qingming Festival，we…介绍清明节。

2. 通过对比，了解不同国家祭祖习俗的不同，能运用本课词汇和句型介绍中国的清明节，用英语讲中国节日。

3. 通过交流表达，提高学生提炼、总结信息的能力，构建对清明节的认知；培养学生积极思考、主动探究的能力，激发学生热爱生活的情感。

4. 通过活动培养学生自觉传承中华优秀传统文化的意识。

重点难点：

1. 学会清明节的相关英语词汇、句型。

2. 连句成文，能运用所学英语介绍清明节。

活动简要流程：

关键要素	环节	课堂主要活动	教师指导重点
活动回顾	一、播放视频，交流感受和收获	1. 播放前期活动视频，回顾活动。 2. 交流感受，揭示课题。	交流感受和收获的指导： 通过观看视频，回顾前期活动，引导学生调动生活经验，从信息处理、问题解决和团结协作等方面反思交流收获和感受，关注学生活动过程。
揭示课题	二、播放视频，提出问题	1. 播放世界各国祭扫视频，让学生初步了解国外的祭祖节日。 2. 提出问题：如何把清明节的传统文化分享给世界？揭题。	提出问题的指导： 清明节这么重要的祭祖大节，我们要想把它分享出去，该如何用英语介绍。

续表

关键要素	环节	课堂主要活动	教师指导重点
讲解说明	三、复习旧知，完成思维导图	1. 帮助学生回忆如何介绍中国传统节日——春节。 2. 学生初步填写思维导图。	完成思维导图的指导： 引导学生联系旧知，确定从时间、定义、活动、食物等方面介绍清明节，初步完成思维导图。
学习技能，反复操练	四、新授与操练	1. 播放清明节英语视频，了解清明节相关词汇。 2. 完成思维导图，学习四个关键句型。 3. 反复操练。 ①完成思维导图，巩固文本，检验学生对文本的掌握情况。 ②创设情景——“老外提问”。 4. 情境运用 ①根据思维导图，完成小短文。 ②创设情景：如果在路上碰到外国友人，你能给他们介绍一下我们的清明节吗? ③学生展示。	新授与操练的指导： 1. 通过四个英语关键句型，学习有关清明节的词汇和句型。 2. 创设各种情景，反复操练，熟练掌握主要词汇、句型，为最后的书写做准备；鼓励学生将所学知识用英语表达出来，用英语介绍中国的清明节。 3. 由思维导图到短文，再由短文提升到导游词，用英语讲中国节日。
总结运用	五、延伸课堂，总结运用	1. 教师总结，强化文化传播意识。 2. 拓展延伸。	延伸课堂，总结运用的指导： 继续努力学习，将中国的传统节日传播出去，培养学生自觉传承传统文化的意识。

板书设计：

Our Traditional Festival——Qingming Festival

附 2：

“清明踏青去”主题活动作业设计

公历 4 月 5 日前后是我国的传统节日清明节。清明节习俗丰富多彩，本次作业设计以传统节日清明节为切入点，以体验节日习俗为重点，围绕“清明踏青”开展跨学科学习活动。“清明踏青去”主题活动作业属于教科版《综合实践活动五年级下册》主题四“跟着节气去探究”之中关于清明节的子主题。本作业设计侧重考察探究与实践体验两种活动方式，充分利用地域资源，对综合实践活动作业作出了大胆的创新和整合。让学生更好地了解、传承中国传统文化，培养学生的实践能力和创新精神。

一、作业设计思路：学科融合，注重素养

本作业紧扣“人文底蕴、实践创新”这两个核心素养进行设计，以踏青为主线任务，融合了语文、数学、英语、美术、劳动等学科，多维度设计作业，引导学生运用各学科知识解决实际问题。

二、作业特点：立足学生，自主选择

依据学生的兴趣特长和能力水平，作业设计层层递进，巧设选择性作业，激发学生的学习兴趣。指导学生亲历整个实践活动过程，培养学生的策划能力，发现问题、解决问题的能力及创新精神，提高信息搜集与处理的能力，并培植主动传承中华优秀传统文化的意识。

三、作业对象

五年级学生

四、具体作业设计

作业设计整体规划表

<table>
<tr><td>单元名称</td><td colspan="5">五年级下册主题四“跟着节气去探究”</td></tr>
<tr><td>活动主题</td><td colspan="5">清明踏青去</td></tr>
<tr><td>活动阶段</td><td>作业名称</td><td colspan="2">具体任务</td><td>难易程度</td><td>作业要求</td></tr>
<tr><td rowspan="4">准备阶段</td><td rowspan="3">作业一：清明节习俗我了解</td><td colspan="2">清明节资料我了解。</td><td>容易</td><td>必做</td></tr>
<tr><td colspan="2">调查问卷我发现。</td><td>中等</td><td>选做</td></tr>
<tr><td colspan="2">古今清明节习俗我对比。</td><td>较难</td><td>选做</td></tr>
<tr><td>作业二：主题活动我策划</td><td colspan="2">制订小组活动方案。</td><td>中等</td><td>必做</td></tr>
<tr><td rowspan="10">实施阶段</td><td rowspan="8">作业三：踏青活动我准备（小组根据分工选做）</td><td rowspan="3">精打细算我能行</td><td>拟定物品清单。</td><td>容易</td><td>选做</td></tr>
<tr><td>做好行程规划。</td><td>中等</td><td>选做</td></tr>
<tr><td>进行经费预算。</td><td>中等</td><td>选做</td></tr>
<tr><td colspan="2">创意风筝我设计。</td><td>中等</td><td>选做</td></tr>
<tr><td rowspan="4">润饼食俗我体验</td><td>削丝切丝我能行。</td><td>容易</td><td>选做</td></tr>
<tr><td>掌握火候来炒菜。</td><td>较难</td><td>选做</td></tr>
<tr><td>包润饼菜我在行。</td><td>中等</td><td>选做</td></tr>
<tr><td>新意润饼我来创。</td><td>较难</td><td>选做</td></tr>
<tr><td rowspan="2">作业四：踏青活动我记录</td><td colspan="2">分小组开展踏青活动，并填写活动记录。</td><td>容易</td><td>必做</td></tr>
<tr><td colspan="2">绘制清明自然日记。</td><td>容易</td><td>选做</td></tr>
<tr><td rowspan="6">总结阶段</td><td rowspan="6">作业五：踏青风采我展示（根据兴趣选做）</td><td rowspan="3">巧借技术来宣传</td><td>梳理美篇制作步骤。</td><td>容易</td><td>选做</td></tr>
<tr><td>制订宣传活动方案。</td><td>中等</td><td>选做</td></tr>
<tr><td>制作美篇来宣传。</td><td>较难</td><td>选做</td></tr>
<tr><td rowspan="3">英语分享传文化</td><td>了解清明节词汇。</td><td>容易</td><td>选做</td></tr>
<tr><td>撰写英语导游词。</td><td>较难</td><td>选做</td></tr>
<tr><td>绘制英语海报。</td><td>较难</td><td>选做</td></tr>
</table>

续表

活动阶段	作业名称	具体任务	难易程度	作业要求
拓展阶段	作业六：拓展作业我参与	进行活动评价。	容易	必做
		写信寄哀思。	中等	选做

（一）准备阶段

作业一：清明节习俗我了解

任务1：清明既是二十四节气之一，又是我国的传统节日。清明作为祭祀的节日始于周代，历史悠久。同学们，关于清明节，你了解多少呢？快来完成下面的资料卡吧！（任务难易程度：☆）

“清明节我知道”资料卡

清明节由来：____

____

清明节习俗：____

____

清明节饮食：____

____

清明节农事谚语：____________________________________

____

与清明节有关的诗词：________________________________

____

任务2：人们对清明节习俗了解多少呢？他们又是怎么过清明节的呢？请将调查问卷发给身边的同学、家人、邻居至少五人，并整理调查问卷结果，写下你的发现。（任务难易程度：☆☆）

“清明节，你是怎么过的?”调查问卷

1. 清明节既是节气，又是节日。还有哪个节气也是节日呢?（　　）

A. 端午节　　B. 中秋节　　C. 冬至　　D. 立春

2. 清明节是在什么时候呢?（　　）

A. 公历4月5日前后　　B. 农历四月五日前后　　C. 4月5日

3. 以下哪一项不属于清明三候?（　　）

A. 桐始华　　B. 田鼠化为鹌　C. 冰霜化　　D. 虹始见

4. 清明节时，各地有许多独具特色的美食，您在清明节品尝过哪些美食呢?（　　）(多选)

A. 青团　　B. 润饼菜　　C. 清明果　　D冷煎饼

E. 其他________

4. 清明节是扫墓祭拜的日子，也是郊游踏青的日子。往年清明节，您做了什么?（　　）(多选)

A. 祭拜英烈　　B. 扫墓祭祖　　C. 踏青　　D. 放风筝

E. 其他________

同学们，分小组整理调查问卷的结果，写下你的发现。

示例：通过调查问卷，我发现了身边的大部分人会在清明节去扫墓祭祖、踏青。(统计表见下图)

清明节这样过

■ 踏青 ■ 扫墓祭祖 ■ 放风筝 ■ 祭拜英烈 ■ 其他

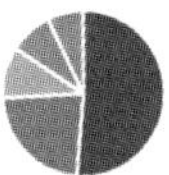

通过调查问卷，我发现：____

____

____

任务3：现在的清明节习俗和古代的清明节习俗相比，有什么变化?为什么?(任务难易程度：☆☆☆)

教师提示：

同学们，我们在语文课上学过《红楼春趣》这篇课文，里面就有放风筝的情节，可以再去阅读一下，想一想为什么那时候人们要剪断风筝线呢？

清明节习俗	古代	现代	变化原因
放风筝	剪断风筝线。	未剪断风筝线。	
扫墓			

【评价标准】请根据作业的完成情况，按以下要点进行星级评价。

评价要点	得星指数	自评
1. 能在课前查阅、收集资料，了解清明节的由来、习俗等，完成课前资料卡。	☆☆☆	
2. 能有效收集调查问卷信息，并能根据调查结果说出自己的发现。	☆☆☆	
3. 能发现古代人、现代人清明节习俗的不同，感受到清明节随着社会进步和科技发展不断变化，懂得如何“文明过清明”。	☆☆☆	

【设计意图】通过资料卡、调查问卷、古今习俗对比的任务让学生在课前提前了解清明节习俗；融合信息技术学科和语文学科知识，锻炼学生搜集资料、分析资料的能力，为后期开展活动打下基础。

作业二：主题活动我策划

任务：同学们，课前我们搜集了很多清明节的资料，相信你们对这个节日都有了一定的了解。在清明节去踏青是很不错的选择，可以体验到清明节的多种习俗，那么，除了踏青你们还想要做什么呢？放风筝、包润饼菜、祭扫英烈等都是可以在清明节体验的哦！让我们以小组为单位，一起讨论、制订活动方案吧！（难易程度：☆☆）

“清明踏青去”小组活动方案

<table>
<tr><td>活动内容</td><td colspan="4"></td></tr>
<tr><td>活动时间</td><td></td><td>活动地点</td><td colspan="2"></td></tr>
<tr><td>出行方式</td><td></td><td>活动人员</td><td colspan="2"></td></tr>
<tr><td>携带物品</td><td colspan="4"></td></tr>
<tr><td>注意事项</td><td colspan="4"></td></tr>
<tr><td colspan="5">小组分工</td></tr>
<tr><td colspan="2">行程规划和经费预算</td><td colspan="2">绘制风筝</td><td>包润饼菜</td></tr>
<tr><td colspan="2"></td><td colspan="2"></td><td></td></tr>
</table>

温馨提示：

同学们可以根据自己的兴趣、特长进行合理分工哦！

【评价标准】请根据作业的完成情况，按以下要点进行星级评价。

评价要点	得星指数	自评
1. 在制订“清明踏青去”小组活动方案中，小组成员能轮流提出自己的见解。	☆☆☆	
2. 能认真倾听他人的发言，并提出自己的想法。在本活动中，保持积极热情的参与态度。	☆☆☆	
3. 小组成员能根据兴趣、特长进行合理分工。	☆☆☆	
4. 能根据别人的意见，修改和完善小组的方案。	☆☆☆	

【设计意图】制订好活动方案，对后续清明踏青活动既有指导作用，又有推动作用。本次活动融入了数学、劳动、美术等学科知识，小组成员根据兴趣或特长合理分工，自主拟定切实可行的活动方案，发展基本的设计能力。

作业三：踏青活动我准备（分工选做）

同学们，踏青之前，我们还要做好行前的准备。请你们根据活动方案的分工，完成以下作业。

任务1：精打细算我能行

（1）踏青之前，准备物品是必不可少的。要带什么物品去呢？是否需要统一采购呢？物品的具体费用是多少呢？这都需要我们先来拟定一份物品清单。（难易程度：☆）

"清明踏青去"物品清单

序号	物品名称	物品数量	统一采购（填是/否）	单价	具体费用	备注
1						
2						
3						
4						
5						
6						
7						
8						
9						
10						

填表说明：

1. 同学家里有的物品不需要统一采购，在备注栏写提供者的名字。
2. 需要统一采购的要填写单价和具体费用。

（2）有了物资准备，一份合理的行程规划能让我们的踏青活动更顺利，赶快做一份行程规划吧！（难易程度：☆☆）

“清明踏青去”行程规划表

踏青地点			
出发时间		返回时间	
出行方式		出行人数	
具体行程规划			
序号	活动内容	活动地点	时间安排
1			
2			
3			
4			

（3）做好行程规划，要开始计算出行费用了。运用数学知识好好算一算吧！（难易程度：☆☆）

第（　　）组经费预算表

（一）交通费用预算			
交通方式		所需费用	
收费标准		列式：	
（二）门票费用预算			
踏青地点		门票费用	
收费标准		买票的人数	
列式：			
（三）购物费用预算			
物品名称	物品数量	物品单价	具体费用

续表

<table>
<tr><td></td><td></td><td></td><td></td></tr>
<tr><td></td><td></td><td></td><td></td></tr>
<tr><td></td><td></td><td></td><td></td></tr>
<tr><td>购物总费用</td><td colspan="3"></td></tr>
<tr><td colspan="4">（四）人均费用预算</td></tr>
<tr><td>交通总费用</td><td></td><td>门票总费用</td><td></td></tr>
<tr><td>购物总费用</td><td></td><td>小组活动人数</td><td></td></tr>
<tr><td colspan="4">列式：</td></tr>
<tr><td colspan="4">（五）风筝费用预算</td></tr>
<tr><td>风筝形状</td><td></td><td>所需数量</td><td></td></tr>
<tr><td colspan="4">列式：</td></tr>
<tr><td colspan="4">对比：通过对比，我们选择（　　）商店，因为（　　）商店费用最少，只需要（　　）元。</td></tr>
<tr><td colspan="4">备注：</td></tr>
</table>

【评价标准】请根据作业的完成情况，按以下要点进行星级评价。

任务	评价标准	星值	小组自评	组间互评
行程规划	活动内容丰富。	☆☆☆		
	地点选择合适。	☆☆☆		
	时间安排合理。	☆☆☆		

续表

任务	评价标准	星值	小组自评	组间互评
经费预算	购物性价比高。	☆☆☆		
	灵活选择方法。	☆☆☆		
	经费计算准确。	☆☆☆		
总星数				

【设计意图】此项作业主要融合数学学科知识。在活动中，学生运用数学及综合实践的知识解决踏青活动的路线规划及经费预算问题，为活动的顺利开展做好准备。

任务 2：创意风筝我设计

放风筝也是清明节的习俗之一，如果能在踏青的时候放着自己设计的风筝，那一定是很棒的事情呢！小小设计师们，发挥你们的创意，设计出独一无二的风筝吧！（难易程度：☆☆）

温馨提示：

市面上以菱形和三角形的风筝面居多。（如下图）

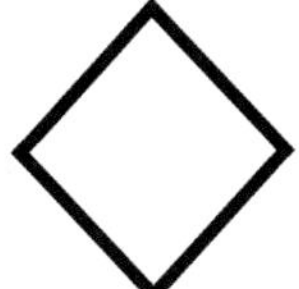

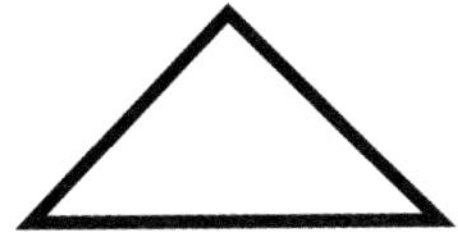

要把这样一个简单的图形做成你想要的风筝，有什么方法可以帮助我们呢？这时就可以使用内添和外添的方法，还可以利用旋转观察、截取部分、忽略基本型、让图形实现最大化等技巧来开拓你的思维哦！

当然，这些方法也同样适用于其他形状的风筝面哦！

【评价标准】请根据作业的完成情况，按以下要点进行星级评价。

任务	评价标准	星值	小组自评	组间互评
筝面设计	构图饱满。	☆☆☆		
	图案丰富。	☆☆☆		
	寓意美好。	☆☆☆		
	色彩鲜艳。	☆☆☆		
	富有创意。	☆☆☆		
总星数				

【设计意图】此项作业融合美术学科知识，通过设计制作风筝，提高学生的动手能力，培养创新思维，培养对生活的热爱之情。通过此次活动，学生对风筝的造型、色彩等信息有所了解，体验了创意设计的乐趣，也增强了民族自豪感。

任务 3：润饼食俗我体验

清明节吃润饼菜是我们闽南的一大习俗，去踏青的时候，能把自己制作的润饼菜带上与同学们分享，那一定很快乐。劳动小达人们，快大展身手吧！

步骤 1：备好润饼菜所需的配料是制作的第一步。润饼菜多为条状、丝状，所以切丝是关键的步骤。想切好菜丝当然要选好工具了，除了刀具，还有哪些削丝工具呢？选择好工具就试试如何切丝削丝吧！（难易程度：☆）

我认识的削丝工具	
我选择的工具	

切丝安全小贴士：

①安全是第一，用刀具前要三思。

②切刨手要慢，安全第一不犯难。

③切丝不看刀，事故很快会来到。

④切菜宜先学，安全伴随你我他。

步骤 2：有些配菜需要炒熟才能食用，把你们炒菜的过程拍照记录下来。炒菜的时候要注意安全、火候、翻炒时间、调味等事项哦！（难易程度：☆☆☆）

步骤 3：一切准备就绪就可以包润饼菜了。四年级的劳动课已经教过我们如何包润饼菜，还记得吗？回想一下步骤，赶紧动手吧！（难易程度：☆☆）

拓展活动：除了传统的润饼菜，有想法的同学还对润饼菜进行了创意制作，你也来发散思维，做出自己的创意吧！（难易程度：☆☆☆）

我的创意	润饼皮：	润饼馅：
我的创意方式		

【评价标准】请根据作业的完成情况，按以下要点进行星级评价。

评价量表

任务	评价标准	星值	小组自评	组间互评
削丝切丝	能选择合适的工具进行削丝切丝，削或切的丝大小均匀。	☆☆☆		
炒菜	能掌握好火候，炒熟配菜，调味合适。	☆☆☆		
包润饼菜	包法恰当，外形美观，不露馅。	☆☆☆		
	配菜丰富，注重荤素搭配。	☆☆☆		
	配菜讲究色彩，营养均衡。	☆☆☆		
	能加入自己的创意。	☆☆☆		
总星数				

【设计意图】本项作业融合劳动学科知识，通过劳动实践，了解润饼菜的特点和制作方法，选择合适的劳动工具制作润饼菜，在弘扬传统文化的过程中培养学生热爱劳动的品质。

作业四：踏青活动我记录

任务1：同学们，做好了出行准备，可以约上小组的伙伴们一起去踏青了。在活动的过程中，别忘了带上一双善于观察的眼睛去好好捕捉哦！把你捕捉到的信息用照片或者文字记录下来吧！（难易程度：☆）

任务2：绘制清明自然日记。有一本《二十四节气自然笔记》图书很有趣，趁着踏青好时候，你们也绘制一张专属于自己的清明自然日记吧！（难易程度：☆）

观察时间	2024年4月5日
观察地点	
天气	
记录人	
我的观察	（手绘或者拍照记录）
我的发现	例：蓝蓝的天空上，美丽的卷云很像一片一片的羽毛。

自然日记绘制要求：

1. 图文结合，色彩鲜明，书写美观。
2. 注明观察的时间、地点、天气、记录人等。

【评价标准】请根据作业的完成情况，按以下要点进行星级评价。

评价要点	得星指数	自评
1. 在踏青过程中，能捕捉精彩的瞬间，及时记录。	☆☆☆	
2. 能与小组同学互相交流，互相分享心得。	☆☆☆	
3. 善于观察，留心事物，并有自己的发现。	☆☆☆	
4. 能将自己的观察所得进行整理，完成记录。	☆☆☆	

【设计意图】此项作业重在引导学生对活动过程进行及时记录，积累活动经验；将作业的完成方式交给学生，激发学生的积极主动性，使作业完成得独具匠心。

作业五：踏青风采我展示（根据兴趣选做）

同学们，在清明节里，我们缅怀祖先，慎终追远；我们踏青郊游，亲近自然。清明节传承着中华民族悠久深厚的传统文化。大家想不想把我们的优秀传统文化推广出去，让更多的人也来了解我们中华民族，了解清明节习俗呢？

任务1：巧借技术来宣传

（1）梳理美篇制作步骤。美篇要如何制作呢？请大家先认真浏览美篇制作流程图，然后把关键步骤梳理出来填在流程图中。（难易程度：☆）

美篇制作流程

（2）一个吸引人的美篇一般都是图文结合或者视频与文字相结合的，你们准备制作一个什么样的美篇呢？请先拟好题目，弄清需要用到哪些素材，想好配图文案该如何撰写。请大家来利用美篇技术来做个宣传清明节的方案吧！（难易程度：☆☆）

巧借技术来宣传活动方案

<table>
<tr><td>美篇记录类型</td><td>收获□
反思□
精彩瞬间□
困难及解决□
其他________</td><td>题目</td><td></td><td>素材</td><td>文字□
图片□
视频□</td></tr>
<tr><td>分工：</td><td colspan="3">文案撰写：</td><td colspan="2">美篇制作：</td></tr>
<tr><td>文案撰写</td><td colspan="5"></td></tr>
<tr><td>美篇制作</td><td colspan="5">图片（视频）</td></tr>
</table>

（3）同学们，万事俱备只欠东风，一切准备就绪，接下来就让我们一起动手，制作一个图文结合、声情并茂的清明节美篇吧。除了美篇，你们还可以尝试利用其他软件上制作分享哦！（难易程度：☆☆☆）

【评价标准】请根据作业的完成情况，按以下要点进行星级评价。

评价要点	得星指数	自评
1. 能通过制作图梳理出步骤流程图。	☆☆☆	
2. 能与小组同学互相交流，共同制订活动方案。	☆☆☆	
3. 善于观察，留心事物，并有自己的发现。	☆☆☆	
4. 能将自己的观察所得进行整理，完成记录。	☆☆☆	

【设计意图】图文结合、声情并茂的美篇受到许多博主和旅友的喜欢。本次活动融合信息技术学科知识。教师引导学生在制作美篇的操作中练习制作

技巧、掌握技能，提高其解决问题的能力。这是学生沉浸式探究的过程，也是理论结合实际的学习过程。

任务 2：英语分享传文化

(1) 中国的清明节是我国的四大传统节日之一，蕴含着丰富的文化意义和深刻的情感寄托。我们要向外国友人介绍这样的节日，该如何表达呢？请先了解清明节相关词汇，完成思维导图。(难易程度：☆)

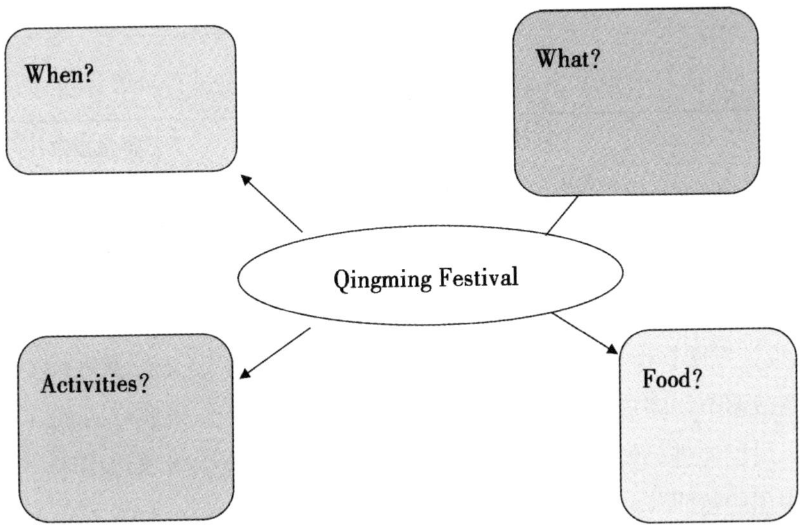

(2) 今年春节以来，我们的家乡吸引了无数中外游客前来游览。如果你在路上碰到外国友人，你准备怎么向外国友人介绍我们的清明节呢？你能用英语写一段导游词介绍我们的清明节吗？(难易程度：☆☆☆)

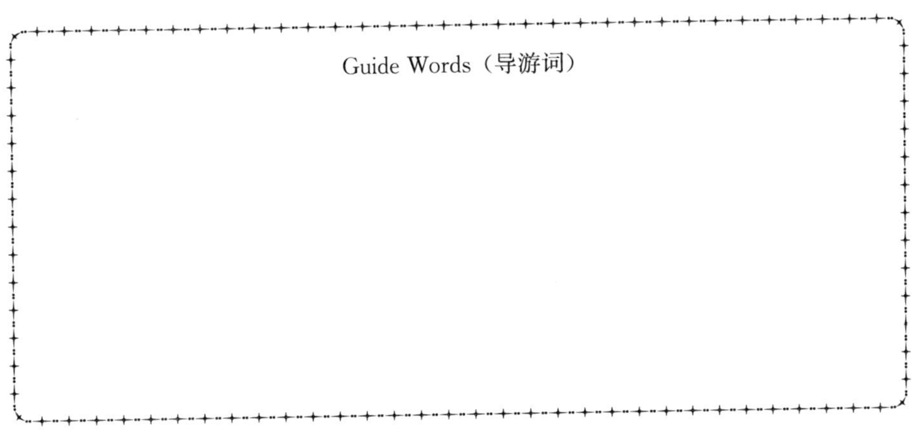

（3）同学们，写完了导游词，如果能把它变成一张海报，那宣传效果一定更佳，试试做一张吧！（难易程度：☆☆☆）

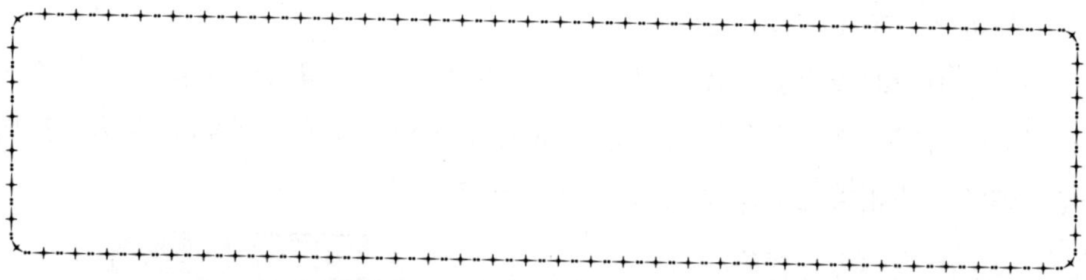

【评价标准】请根据作业的完成情况，按以下要点进行星级评价。

评价要点	得星指数	自评
1. 能联系旧知完成思维导图。	☆☆☆	
2. 能用英语尝试写一小段导游词。	☆☆☆	
3. 能有自己的设计，做成一张宣传海报。	☆☆☆	

【设计意图】引导学生联系旧知，用英语从时间、定义、活动、食物等方面介绍清明节，完成思维导图，为后面的书写做准备；完成导游词，再由写到说，层层递进。鼓励学生将了解到的清明节知识用英语表达出来，用英语介绍中国的清明节。

作业六：拓展作业我参与

任务1：反思经验，评价改进。请同学们根据下面的评价表，对自己在整个主题活动中的表现进行评价，也可以邀请组员和老师给自己评一评哦！（难易程度：☆）

“清明踏青去”主题活动评价表（☆☆☆）

姓名		组别		
评价项目	评价标准	自评	小组评	老师评
价值体认	能通过搜集资料了解清明节的相关信息。			
	感受清明节传统文化的魅力，增强民族自豪感。			

续表

姓名		组别		
责任担当	能感受到实践活动的快乐。			
	独立思考，认真对待，乐于研究。			
问题解决	与组员团结合作，努力完成小组内自己承担的任务。			
	善于倾听他人的想法，乐于与他人交流自己的想法。			
	能运用所学知识分析和解决问题。			
创意物化	能根据分工，积极参与制作自己的成果。			
评价标准：“很好 ”三颗星，“好 ”两颗星，“一般 ”一颗星。				

【设计意图】对整个大主题活动的系列活动进行评价，让学生根据自评反思活动发现活动过程中存在的问题。根据组评、师评获得关于学习过程的反馈，以此发扬优点、改掉缺点，为下一次活动积攒经验。

任务 2：写信寄哀思（可选择）

清明追思，家国永念。梨花风起，思念随风化成雨，无声的思念，热泪迎之。清明寄托了我们对逝者的思念。除了扫墓追思，我们也用最朴实的方式——写信来表达，请选一位逝去的亲人或一位烈士，了解他的事迹，写一封信寄托哀思，致敬缅怀。

以下附上清明记录信纸，任君选择。（难易程度：☆☆）

【设计意图】让学生联系自己的生活实际，在清明节寄去自己的哀思，让学生明白清明节不只是踏青的好时节，更是缅怀祖先和先烈的节日。

参考文献

[1] 张华. 论“综合实践活动”课程的本质 [J]. 全球教育展望，2001，30（8）：10-18.

[2] 郭元祥，舒丹. 论综合实践活动的育人功能及其条件 [J]. 教育发展研究，2019（10）：25-29.

[3] 钟启泉. 综合实践活动：涵义、价值及其误区 [J]. 教育研究，2002，23（6）：42-48.

[4] 赵书超. 综合实践活动课程：理念与价值 [J]. 全球教育展望，2011，40（9）：19-24.

[5] 李俊堂. 综合实践活动四十年：发展历程、基本问题与未来展望 [J]. 湖南师范大学教育科学学报，2018，17（6）：9-16.

[6] 李金梅. 综合实践活动课程中的项目学习：理念、优势与改进 [J]. 教育学术月刊，2021（2）：85-90.

[7] 田慧生. 综合实践活动的性质、特点与课程定位 [J]. 人民教育，2001（10）：34-36.

[8] 甄秀玲. 对和谐教学诸要素的探析 [J]. 考试周刊，2015（57）：176-177.

[9] 马勇军. 论和谐课堂三要素 [J]. 教学与管理，2016（36）：10-13.

[10] 殷世东，龚宝成. 综合实践活动课程旨归：身心和谐发展 [J]. 课程与教学，2008（8）.

[11] 中华人民共和国教育部. 中小学综合实践活动课程指导纲要 [EB/OL]. http://www.moe.gov.cn/srcsite/A26/s8001/201710/t20171017316616.html. 2017-09-27.

[12] 胡丽玲. 行知结合　快乐实践——福建省厦门市海沧区洪塘小学综

合实践活动生活化的实践探索［J］．中小学校长，2013（4）：18-19.

［13］张菊玲．激励性语言评价：让课堂沐浴在阳光下［J］．辅导员，2012（3）.

［14］李华．综合实践活动课程的校本化建设［J］．教育研究与评论（课堂观察），2019（2）：30-34.

［15］刘娜，许沁乔．扬州非物质文化遗产旅游发展问题研究［J］．现代商业，2018（33）：18-19.

［16］邹杨．小学美术教育中引入非遗文化的可行性教学策略研究［J］．考试周刊，2022（34）：163-166.

［17］黄海燕．巧用数学微课视频提升学生探究能力［J］．成才之路，2022（18）：64-66.

［18］黄炳军．在综合实践活动中培养学生的提问能力［J］．教育导刊，2012（5）.

［19］何丽梅．问诊综合实践活动缺“疑”少“问”现象——小学综合实践活动课程学生问题意识的透视及应对策略［J］．黑龙江教育学院学报，2014（1）.

［20］赵美艳，隋宁．新时代劳动教育的意涵建构与现实审思［J］．沈阳师范大学学报（社会科学版），2020，44（03）：33-39.

［21］牛瑞雪．中小学如何构建劳动教育特色课程体系——落实《关于全面加强新时代大中小学劳动教育的意见》的实践策略［J］．课程·教材·教法，2020（5）：11-15.

［22］中华人民共和国教育部．大中小学劳动教育指导纲要（试行）［EB/OL］．http://www.moe.gov.cn/srcsite/A26/jcj_kcjcgh/202007/t20200715_472808.html.

［23］潘维琴，王忠诚．劳动教育与实践［M］．北京：机械工业出版社，2021.

［24］崔丹，李玉苗，王亚楠等．跨学科融合的探究与实施［J］．小学教学参考，2019（27）：61-62.

［25］李凤莲．劳动，让生活更美好［J］．福建教育，2020（44）：9-10.

［26］范蔚．实施综合实践活动对课程资源的开发利用［J］．教育科学研究，2002（03）：32-34＋47.

［27］廖先亮．综合实践活动课程的理论和方法［M］．武汉：武汉大学出版社，2003：124.

［28］汪耀红．初中语文综合实践活动课程资源的选用［J］．玉溪师范学院学报，2017（3）：3.

［29］刘桂荣．试论综合实践活动课程资源的开发和利用［D］．湖南师范大学，2004.

［30］朱志鹏．综合实践活动的学校课程制度建设研究［D］．西南大学，2016：3.

［31］徐泽芳．利用乡土文化　开发课程资源——小学综合实践活动课程资源开发策略［J］．福建基础教育研究，2016（3）：143-144.

致　谢

本书文稿撰写过程中，遇到了不少困难，出现过一些问题，同时也收获了领导、专家和同事们的帮助，使得本书能顺利呈现。在此，我想向这些帮助过我的专家、领导、同事们致以最真挚的谢意!

首先，想要感谢的是福建教育学院专家邹开煌教授和易骏教授。他们治学严谨，学识渊博，思想深邃，视野开阔，当我在写作过程中遇到难题时，他们总是耐心地给予指导，帮助我理清思路，找到突破口，给予我专业的理论高度的引领，也给予本书高度评价。

其次，我要感谢泉州市教科所教研员叶晋昆老师、晋江市教师进修学校教研员王雯老师和鲤城区教师进修学校教研员周伟伯老师，是他们带领我走进综合实践这个神秘又有趣的世界，让我领略综合实践活动的神奇风采。他们竭尽所能，牺牲了很多休息时间，在一次次的讲课、评课、研课中带领我一起乘风破浪。在一场场研讨活动中，我有所思有所获，也迅速成长起来。

最后，我要感谢我工作室的同伴们，特别感谢郑贝虹、林碧华、庄怀兰、陈达雅、林静芳、尤巧燕、黄襄旺等老师，我们在课程实施过程中，一起拼搏，一起努力，不断探索，共同开发了很多主题活动，在具体的实施中取得一些研究成果。感谢大家相互支持，相互鼓励，共同进步！他们给我留下美好的记忆，我会好好珍惜。

再次向大家致以衷心的感谢和崇高的敬意!